天皇陵古墳への招待

森浩一
Mori Koichi

筑摩選書

天皇陵古墳への招待　目次

天皇陵古墳への招待

はじめに

天皇陵古墳はぼくの終生の研究テーマである。

天皇陵は皇室の先祖の墓とされる一面があって、皇族以外の立入は厳禁されてきた。敗戦の翌年（昭和二十一年）一月に、天皇が神格を自ら否定し人間宣言をおこなった。だがそれ以後も、天皇陵には鳥居が立ったままになっていて、過去の天皇の神格を否定はしていない。天皇陵の鳥居は、本文で述べるように幕末のいわゆる文久《ぶんきゅう》の修陵時に設置されたものであり、古墳時代に遡るものではない。

このように天皇陵、とくに古墳時代の構築物である天皇陵古墳の研究は、一般人がおこなえるものではない。だが本文で明らかにするように、天皇陵古墳の被葬者の割出しは必ずしも的確とはいえない。間違っているとしか言えないものも少なくはないし、そうでない場合も宮内庁の治定《じじょう》でよいとすることを傍証できる場合も多くはない。

ぼくは子供のころから古墳研究の魅力にとりつかれた。古墳研究を進めるとなると、自分なりに年代の尺度をこしらえねばならない。古墳の編年というか、変遷の前後関係を頭のなかで整理する必要がある。

そのためには全国津々浦々といってよいほどにある古墳を踏査すること、さらに古くからの古墳についての見聞記や発掘の記録に目を通すこと、さらに少なくとも東アジアの諸地域にある古墳についての知識をもつことなどに懸命の努力をしつづけた。

これらのことは個人の努力でおこなえる。だが天皇陵古墳が研究者にとっても立入不可能となると、まるで角や飛車抜きで将棋をするようであって、歯痒《はがゆ》い限りである。

現状に甘んじておれば、短い人生が尽《つ》きる。幸い戦後は天皇陵古墳を上空から観察することは可能になった。ぼくもセスナ機やヘリコプターから近畿の主要な天皇陵古墳の撮影をすませることができた。

さらに地元や宮内庁にのこる古記録や図面なども実見することができ、自分なりに天皇陵古墳への認識を深めていった。深めたとはいえ危うさがあるのは止むを得ない。

ぼくは十年ほど前に腎不全を患い、以来透析生活を続けている。何より残念なのは長期の旅ができなくなったことである。とはいえこの十年間は一年に二、三冊ずつの新著を出すことができ、自分なりに寸時といえども無駄をしない生活をつづけている。

発病してから二年ほど後に天皇陵古墳の研究を総まとめにしようと思って書きあげた。だが出来上がると細かい問題にこだわりすぎた嫌いがある。一部の専門の研究者を意識しすぎたのであろう。ぼくは執筆の終わった原稿を箱にいれ、棚にあげてしまった。

平成二十二年十一月、朝日新聞社は天皇陵の発掘をめぐって、宮内庁陵墓調査官の福尾正彦氏との「争論」を企画し、ぼくが一方の論者となった。この争論は実際に対面して実施したのではなく、それぞれの言い分を記者がまとめたものだった。

この時にどうして八十三歳のぼく、しかも闘病生活をつづけている者が相手をせねばならないのかを考えた。勇気をもって発言できる若者（ぼくからみての）が育っていないのだろうか。ぼくは司馬遼太郎さんに教えられ、明治時代の政治家や学者がよく使った倜儻不羈《てきとうふき》の言葉が好きである。好きというより自分の生きざまの指針である。〝はっきりした判断を瞬時におこなえる〟。そのさい放れ駒のように、権力とか権威は念頭にないことであろう。

この原稿がほぼ完成に近づいた三月十一日に東日本での大災害が発生し、あまつさえ原発事故という歴史を軽視したことも原因の人災が今なお人びとを苦しめている。

そんな最中に、ぼくが六十年間を費やした天皇陵古墳の執筆が終った。ぼくが頭に浮かぶ順に書いた本だから、前後の関係の整理がおこなえていない個所もあるが、それも思考の遍歴とおもってその順に読んでほしい。

二〇一一年五月十二日

第一章
天皇陵と出会ったころ

人が作った研究の障害

ぼくは考古学的にはかなり早熟だった。中学生のころから「調査の記録」と「調査ノート」を書きはじめ、傘寿《さんじゅ》をとうにすぎた今日まで続いている。

この二種類のノートはぼくの研究にとって、大工さんのノミやカンナ、お百姓さんのクワやカマのような役割を果たしているのだが、それでみるかぎりぼくの人生はいつから大学生になったとか、いつから研究者になったとかさらにはいつ大学に勤める生活が終ったかなどの、経歴上の節目はまったくない。

気障《きざ》っぽく響くかもしれないが、十一歳のときの昭和十四年に南河内にあった家の近くの西除川《にしよけがわ》で須恵器《すえき》の破片を拾って、「考古学」なるものがあることに気付いてから、今日まで一気に駆けてきたというおもいがする。

考古学には、実に多くの研究項目がある。学際的な学問だから、化学、物理学、地質学、生物学、天文学などとも関係するし、一方では歴史学や文学など文科系の学問とも深い関係にある。

多くある研究項目の一つが天皇陵研究、正確にいえば後で天皇陵との違いを説明する天皇陵古墳の研究である。天皇陵古墳は研究項目の一つとはいえ、他の項目と違うのは自由に研究できないというむずかしさのある点である。

自由に研究できないというのは、宇宙や深海の研究のように技術的な問題があるのではなく、対象の場所である天皇陵古墳への立入りが厳禁されているという、人（官）がつくった障害が立ちはだかっているからである。

このような現状がどのように考古学、とくに古墳研究の進展を阻害し、ひいては日本古代史の解明をおくらせているのかについては、本書の各章の説明でだんだん明らかにしていく。

仁徳陵への「参拝」をおもいだす

中学生のたしか一年生のとき、担任の先生が引率して堺市にある仁徳陵《にんとく》へ行ったことがある。日本最大の前方後円墳であることは承知していたが、濠《ほり》の外から眺めると木のおい茂っ

図１　現・仁徳陵の拝所と鳥居

た大きな山にすぎなかった。

　日本歴史を教えている担任が引率していたとはいえ、この陵が前方後円墳であることを説明するわけでもなく、前方部側の二重めの濠の外に設けられた拝所から「参拝」するだけであった。拝所から前方部を眺めると一重めの濠の外の堤に鳥居が建っていた。鳥居があるとはまるで神社の扱いである。

　当時の拝所のある広場には、仁徳陵が考古学でいう前方後円墳で何世紀に築かれたとかの説明はなく、まして墳丘の略図を描いた説明板は立っていなかった。これは陵域においては、今日でもその通りである。ただ「百舌鳥耳原中陵」だとする高札は立てられていた。

　そのころのぼくはまだ気付かなかったけれども、このような陵の名称は十世紀前半に編纂された『延喜式《えんぎしき》』の諸陵寮という役所の項目の記載（『延喜の諸陵寮式』）にもとづいたもので、それには律令政府が管理していた天皇陵や主要な皇族の墓が書かれている。

細かい話になるが、古墳の研究者のなかにも、今城塚《いましろづか》古墳（大阪府高槻市）や赤坂天王山古墳（奈良県桜井市）などの考古学の方式で命名された遺跡名に混えて、百舌鳥耳原中陵というような文献上の名称（陵墓名）を使って、この巨大前方後円墳をいいあらわそうとした学者もいるが、そのことは木に竹を接《つ》いだようで、無理があり、研究に混乱の種をもちこむ弊害のあることについても徐々に明らかにしていこう。

百舌鳥三陵と古代の港

『延喜式』によれば、和泉国大鳥《おおとり》郡（現在の大阪府堺市、和泉国は古墳時代には河内国に属していた）には、百舌鳥《もず》の地名をうえにつけた三つの陵がある。百舌鳥三陵である。

百舌鳥は小鳥の名、毛受と書くこともある。仁徳紀に、百舌鳥野とあるように古墳時代にはその大部分がまだ原野であったようだ。

仁徳紀には、百舌鳥の北方にある依網《よさみ》で鳥を捕る網に見かけない鳥がかかった。そこでその鳥を天皇のところへもってきた話がのっている。依網には依網池という大きな遊宴用の苑《えん》池《ち》があったので、池のほとりに池へ集まる鳥を捕る網を張っていたのであろう。

珍しい鳥だった。百済《くだら》からの渡来人の酒君《さけのきみ》に見せると、「同じ鳥は百済に多くいます。飼いならすと、早く飛んで鳥を捕ります」といって、その鳥の尾に小鈴をつけ腕にとまるように馴《な》らした。

この鳥は鷹《たか》のことだが、天皇は百舌鳥野にでかけ、遊狩（かり）をすると、たくさんの雉《きじ》を獲ることができたという。この話は、仁徳天皇の四十三年九月のこととして記されていて、百舌鳥野の景観を偲ぶことができる。

同じ仁徳紀で、仁徳が自分の陵を造る場所を決めたのは六十七年のことになっているから、百舌鳥野での鷹狩より二十四年たってのことである。

ここで書いておきたいのは、仁徳の治世四十三年のこととか六十七年のことというのは、あくまで『日本書紀《にほんしょき》』（以下『紀』と略す）の記述のうえでのことで、それらの記事がどこまで正確な年次や場所を伝えているのかの検討はいる。とはいえそのような説話や伝承に、古墳時代を考える材料がたくさん含まれているのも事実である。

些細なことだが、仁徳天皇の六十七年では、天皇が陵地を定めに行ったのは河内の石津原となっている。石津は大鳥郡内の郷名であり、今日の地理感覚では、石津原は履中《りちゅう》天皇陵のあるところである。いうまでもなく、履中天皇陵という表記は指定上のことであって、考古学的に証明された遺跡名ではない。これらの問題点は、中期の天皇陵古墳を説明するときにふれるであろう。

百舌鳥三陵の話に戻る。三つの陵とは、百舌鳥耳原中陵、百舌鳥耳原南陵、百舌鳥耳原北陵であり、耳原は後で述べるように、仁徳陵造営にさいしておこった鹿の耳の説話に因《ちな》んだ地名である。

『延喜式』には、中陵が仁徳天皇陵（以下天皇は略す。人名の場合も同じように略す）、南陵が履中陵、北陵が反正《はんぜい》陵だとも書いていて、『延喜式』では陵の主、考古学的にいえば古墳の被葬者が確定しているかのように記されている。先ほど述べた仁徳陵に「百舌鳥耳原中陵」の高札が建てられているのは、この『延喜式』の記載によったのだった。これら三人の関係は、仁徳が父、皇后の磐之媛《いわのひめ》とのあいだに生まれたのが履中・反正・允恭《いんぎょう》の三兄弟である。

三陵の名称の最後には、兆域といって陵（多くの場合は古墳）が占める土地の広さをも記載していて、中陵が東西八町・南北八町、南陵が東西五町・南北五町、北陵が東西三町・南北二町としている。

三陵が前方後円墳であることが明らかであれば、各陵の墳丘の大きさと三陵の大きさの違いなども見当はつくけれども、『延喜式』のころにはまだ前方後円墳という言葉はなく、『延喜式』からでは各陵の形は分らないのである。

注意しておかねばならないのは、兆域の広さは墳丘の大きさをきちんと示すものではなく、濠や陪塚《ばいづか》（以下は陪墳という）をも含んだ墓域のことである。山科陵《やましなりょう》（天智《てんじ》陵、下の段が一辺四二メートルの上八角下方墳、京都市山科区）の場合では、兆域東西十四町・南北十四町のように墳丘の大きさにくらべて、墓域の広大な場合もある。もちろんこのようなことが分りはじめるのは、ぼくが三十歳代になってからである。

先ほども述べたように、古墳時代には前方後円墳という言葉はまだなく、それが使われはじめるのは江戸時代になってからであったから、くどいようだが『延喜式』の墳墓のリストに、どの天皇陵が前方後円墳だとか方墳だとか円墳だとかは記載されていない。

反正陵と長尾街道

先ほどの百舌鳥耳原北陵の兆域は、東西三町・南北二町である。このように長さが東西・南北で異なる場合は、墓域の範囲が長方形であり、そのなかに収まる墳丘は、前方後円墳の可能性、それもこの場合は後円部や前方部を東か西に向けた古墳だと想定することはできる。方墳や円墳は四角い兆域におさまりやすいのにくらべて、前方後円墳の墳丘は主軸（長軸ともいう）が後円部の直径や前方部の幅よりも長いので、長方形の兆域になりやすいのである。

中学二年生のとき、通っていた中学校のすぐ北にある反正陵の草刈奉仕に学校から引率されて行ったことがある。墳丘の草を刈るのではなく、濠の外の堤、たしか濠の東側の堤の草刈だった。とはいえ堤へも普段は立入れないから、草刈のあいだ反正陵の墳丘を側面から近くに見ることができた。

このときは、反正陵がただのこんもりとした山ではなく、前方後円墳であることを感じた。それ以来、中学校の近くということもあって、この古墳の周辺をしばしば踏査しており、「調査の記録」にも書きとめている。

反正陵の北東に隣接して、方違《かたたがい》神社があり、地元では「ほうちがいさん」といって親しまれてきた。ぼくの母も家が堺市から南河内の大草村（現在は堺市）へ引越しするときには、「ほうちがいさん」にお参りに行った。境内には仁徳、履中、反正の三天皇や須佐之男命《すさのおのみこと》、百済から渡来した王仁《わに》などを祭る社があるなど、古墳と何らかの関係はありそうだったが、研究の手がかりは見出せなかった。

とはいえ、この神社、いいかえれば反正陵のすぐ北側に接して、東の方へと長尾《ながお》街道が一直線に延びている。当時は舗装されていなかったが、一三キロも直線道路が続いていて、そのような道路は他にはあまりなかったから、子供心にも不思議だった。

堺中学校には、年に一度、奈良県の橿原神宮《かしはらじんぐう》までを夜間行進する慣行があって、ぼくも参加した。橿原神宮は神武《じんむ》天皇が祭神で明治二十二年に創建され、昭和十五年の「建国二千六百年記念行事」で外苑がもうけられ、このとき縄文晩期の橿原遺跡が発掘された。

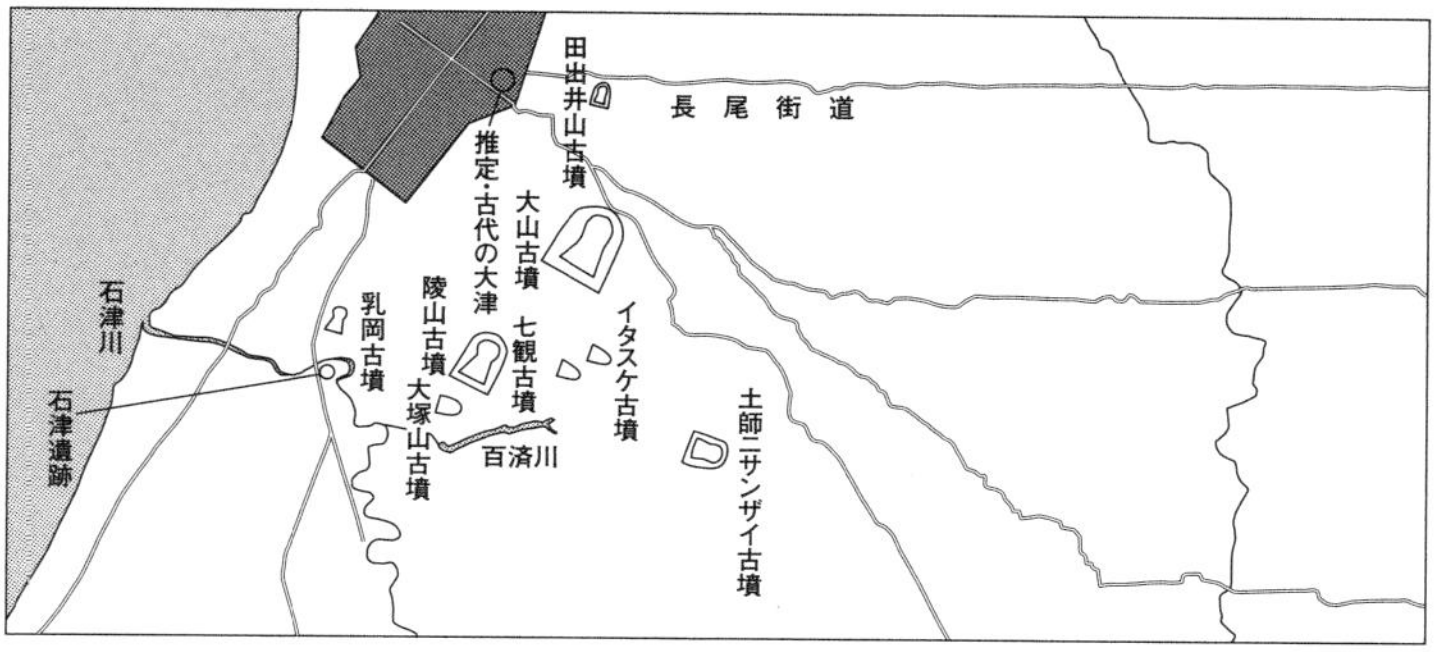

図２　百舌鳥古墳群と長尾街道

夜間行進では軍事訓練の教官が、「これから長尾街道を通って行進する」と大声を出していたのが印象にのこった。

以下は後日に分りだしたことだが、長尾街道は古市や百舌鳥の古墳群の北限になっていて、『紀』の天武元年七月二十三日の条にでている名が大津道である。大津というのは今日の堺市にあった古墳時代の港と推定され、この街道は河内、ひいてはヤマト（大和と書くのは八世紀中頃以降、以下該当する時代のことはヤマトと書く）から大津のある港に至る重要な幹線道路であった。

そうなると反正陵がなぜその位置を選んで築かれているのかについても考えねばならなくなる。古墳がなぜその場所に築かれているのかは、土地の選定（占地《せんち》ともいう）といって研究上の一つの項目になっている。

当時の大津とよばれた港は、古墳のある台地を西方へ下ってすぐの低地（帯状の潟で、古代には長峡《ながお》といった（神功皇后紀）。長尾のことであろう）にあったと推定されるから、百舌鳥の三陵はこの港を北からも南からも見下ろすようにして築かれたことになるのである。逆にいえば、海からきた船からは、見上げるような角度で巨大古墳が存在しているのだった。ぼくが海上交通を支配した者と古墳の関係を考えだすのは、やはり三十歳代になってからのことである。

昭和十六年十二月八日に太平洋戦争がはじまると、ぼくの中学時代の生活には徐々に戦時色が浸透しだした。泉南で飛行場作りに行ったり、大阪港でアメリカ兵の捕虜とともにゴムの塊とみられる物資の荷下ろしを手伝わされたりもした。もちろんアルバイトではなく、授業日におこなわれた。

三年生になりたてのことと覚えているが、仁徳陵の陪墳の一つ収塚《おさめづか》古墳の隣接地に高射砲陣地が作られることになり、陣地のまわりに盛りあげる土塁作りの土運びに数日間動員されたことがある。

工事のおこなわれている場所が仁徳陵の近くだったため、内心緊張したけれども、円筒埴《はに》輪《わ》の破片が少しあったぐらいだった。監視の目が厳しく、埴輪の破片を採集することはできなかった。そのころには、まだ円筒埴輪の破片にはあまり価値はないとおもっていたことも、危険をおかしてまで採集しなかった原因だったのであろう。

丹比の鋳物土

中学三年生の途中で、学徒勤労動員令によって、堺市の三宝にある工場へ毎日通うことになった。ただ幸運だったのは、その工場が飛行機のエンジンを鋳物《いもの》で作っていたため、金属器の鋳物の技術を覚えたことであった。

飛行機のエンジンの材料はアルミニウムであったが、時には鉄の鋳物（鋳型のなかへいれる厚板、アイスといっていた）を作ることがあって、工員さんに頼んでそれをやらせてもらったことがある。

鋳物作りでは、木型から土の鋳型を作ることが重要だった。そのうちに毎日使っている鋳物土（砂ともいう）に関心がわきだし、金属器を鋳造する場合の鋳型の土の重要性に気付きだした。

鋳物土は、さらさらしていたがそれなりの粘りがあって、丹比《たじひ》（地元ではたんぴ）の土とよばれていた。ふと気がつくとぼくが利用している南海高野線の狭山《さやま》駅には、当時乗客は少ないのに引込み線が一つあった。プラットホームには土が山積みされていて、時々無蓋の貨車に上半身裸の男がスコップで土を積みこんでいた。子供心に何をしているのだろうとおもっていたが、ある日作業をしている男に「何の土ですか」と尋ねると、これが鋳物土だった。

この土は河内狭山市と富田林市との境の羽曳野丘陵西部の五軒家《ごけんや》に産出する土であった。その辺りは、古代から河内国の丹比郡であるため、丹比の土とよばれていたのである。堺港からは九州などへも船で運ばれるから、九州では堺の土とよんでいたことなども徐々に分りだした。

丹比の土は今では採掘しつくされた。ただ昭和四十年代の電話帳には、当時の狭山町には三軒ばかりの鋳物土屋があることになっていたが、すでに土建屋さんをしていた。

ぼくは学徒勤労動員からも、考古学に応用できる知識と技術を学べた。学業は中断したとはいえ、貴重な体験をすることによって収穫はあった。

第二章
仁徳陵から大山《だいせん》古墳へ

陵墓の現形は原形か

天皇陵は陵墓ともいわれる。厳密にいうと陵とは天皇と皇后の墓の呼称であり、皇子や皇女の場合は原則として墓とよばれている。陵は訓では「ミササギ」、小鳥のウグイスと関係があるという説がある（川崎保・梶田学「古代天皇陵をなぜミササギと呼ぶか」『古代学研究』一八一号）。

ぼくは考古学、特に古墳や古墳時代の研究を進めるうえで、明治初年から天皇陵に指定（治定《じじょう》という言葉も使う）され、宮内庁（戦前は宮内省）によって管理されている前方後円墳、方墳、円墳、八角墳など古墳時代の構築物を天皇陵古墳とよんで研究対象にしている。

ぼくにとっては天皇陵古墳も考古学の資料としての遺跡なのである。そのような立場では、天皇陵のなかの古墳でないもの、例えば平安時代の鳥羽《とば》天皇陵や江戸時代初めの後水尾《ごみずのお》天皇陵などは本書では扱わない。宮内庁が管理する陵墓は約八百六十か所ある。そのうち四十数基がぼくのいう天皇陵古墳である。

とはいえ平安時代の仁明《にんみよう》天皇陵や室町時代の後亀山《ごかめやま》天皇陵を例にとると、現状では方墳状になっていて空堀もめぐらせている。これについては後で述べるように、その多くは江戸時代末の徳川幕府による陵墓の顕彰事業（文久の修陵）によっての改変の結果である。間違ってはいけないのは、文久の修陵は今日の遺跡保護のための工事ではなく、世間に幕府の尊皇の態度を周知させるための事業だった。

陵墓研究でまず心得ておかねばならないのは、墳丘や濠の現形（現在の形）を原形（もとの形）と即断してはとんだ間違いをしてしまうことである。このことは後で述べるように天皇陵古墳についてはより厳密な配慮が必要である。とはいえこのことにぼくが気付いたのは、天皇陵古墳への関心をもってから二十年ほどたったころ、つまり四十歳代になってのことだった。これについても後で述べる。

ぼくは八十三歳である。説明するまでもなく十代後半や二十代から今と同じ認識をもっていたのではない。昭和二十年代は陵墓についての書物は少なくはなかったが、考古学的な検討のもとでの著述は乏しかった。というより皆無に近かった。

それと天皇陵古墳は墳丘内への立入りが禁止されている。そのため偶然にのこされた江戸時代の図面や墳丘や石室の観察記録などを、丹念に読んで自分なりの知識とするほかなかった。

昭和四十年代のことである。天皇陵古墳の遠望を撮影していると、陵墓の警備官があらわれ〝天皇陵を背景にいれて写真をとることは禁止されています〟といわれて阻止されたことが何度かある。

幸いこのころになると飛行機を利用して上空から天皇陵古墳の墳丘や濠を撮影することが普及しだし、ぼくもセスナ機やヘリコプターから撮った近畿地方の主要な天皇陵古墳の写真をそろえることができた。その結果、墳丘には立入れないとはいえ、かなりのことを知るようになった。

このように今のぼくが貯えるようになった天皇陵古墳の知識は、五年か十年刻みの節目を重ねてたどりついたのである。だから読者もぼくの天皇陵古墳への認識を深めていった遍歴にしたがって読みだしてほしい。

陵墓参考地とは何か

十代のぼくの家は堺市郊外の大阪府南河内郡大草村（現在は堺市に合併）にあった。小学校

表１　10大前方後円墳

	古墳名	所在地	墳長（m）
1	大山	大阪・堺	486
2	誉田山	大阪・羽曳野	425
3	百舌鳥陵山	大阪・堺	360
4	造山	岡山	350
⑤	河内大塚	大阪・松原、羽曳野	330
⑥	五条野丸山	奈良・橿原市	318
7	渋谷向山	奈良・天理市	310
⑧	土師ニサンザイ	大阪・堺	290
9	仲津山	大阪・藤井寺	286
⑩	ウワナベ	奈良	280

⑤⑥⑧⑩は陵墓参考地、4は史跡、その他は陵

の五年生からは南海高野線で住吉小学校へ通った。そのため毎日のように車窓から百舌鳥《もず》古墳群の巨大な前方後円墳が見えた。

車窓から遠望できる最大の巨大前方後円墳がそのころの用語での仁徳陵である。戦前から戦後にかけてはこの前方後円墳に葬られている人（被葬者）が仁徳天皇だということを疑う人はまずいなかったし、ぼくもそのように信じこんでいた。

中百舌鳥駅の南西約一キロにもう一基の巨大な前方後円墳が見える。だがこの古墳は特定の天皇陵ではないようである。ある日の夕方、そこへ行ってみると陵墓参考地であることが分った。

この古墳はニサンザイ古墳といって、見事な周濠をもった前方後円墳である。後のことになるが一九七六年に『古墳と古代文化99の謎』（サンポウ・ブックス）の題で本を書いたとき、全国の前方後円墳、方墳、円墳の墳丘規模の順位表を巻末にのせた。それによるとニサンザイ古墳は全国で八番めに大きい前方後円墳である。因みに十位までの前方後円墳に四基の陵

墓参考地があって問題を投げかける。さらに四番めの岡山市の造山《つくりやま》古墳のように、史跡ではあるが陵墓ではない古墳もある。おそらく吉備《きび》の大豪族（下道氏か）の墓であろう。

もし天皇陵の治定が完璧なものであるのなら、陵墓参考地というような曖昧《あいまい》なものをこしらえておく必要はないはずだという疑念が子供心にも湧きだした。このことはぼくの天皇陵研究にとって最初の開眼《かいげん》となった。

図3　土師ニサンザイ古墳（濠外、左下が土師集落）

このように天皇陵古墳の治定に疑問をもちだしたのは十代に遡り、天皇陵古墳への知的遍歴は始った。それは自分で切りひらいていくほかなかったのである。

ニサンザイという名称の古墳は他の土地にもある。そこで区別するために古墳の所在地（大字《おおあざ》）の土師《はぜ》の地名を上につけ、のちには土師《はじ》ニサンザイ古墳とよぶようにした。これはもちろん十代よりかなり後のことである。なおこの古墳には別に長谷山の名称もあって反正陵にされたことがある。ハセ山は土師山とみられる。反正天皇の名は、昔は「ハンショウ」と発音していたが現在は「ハンゼイ」がよいように言われている。

和泉の土師は古墳の造営にかかわった家柄としての土師《はじ》氏の居住地の一つであって、平安時代に著された『和名抄《わみようしよう》』の郷名では和泉国大鳥郡土師郷である。

巨大前方後円墳の造営となれば、当時の最先端の知識を網羅しないとできない。このことは一九八五年に草思社から出版した『巨大古墳―前方後円墳の謎を解く』で図解入りで書いたからここでは省く。

土師氏の子孫からは学者として名高い菅原道真《すがわらのみちざね》や大江匡房《おおえのまさふさ》などを輩出した。菅原氏も大江(枝)氏も古墳の造営がなくなってからの奈良時代末に氏名《うじな》を土師から改めた家柄である。もしこのときの氏名の変更がなければ、菅原道真ではなく土師道真だっただろう。

土師ニサンザイ古墳はどういう理由で陵墓参考地になったのであろうか。『古事記《こじき》』(以下は『記』と略す)や『紀』の記述では百舌鳥野に陵のある天皇(古墳時代の当時は天皇ではなく大王《おおきみ》、ただし記述を簡略にするため本書では天皇を使う)は、仁徳、履中、反正の三人で、仁徳と履中の陵はいずれも巨大前方後円墳である。もっとも現在の指定のままではないとする考えのでることについては後で述べる。だがこれらの三陵が百舌鳥野にあったこと、ひいては百舌鳥古墳群内に造営されたことは記紀の伝承どおりとみてよかろう。

ところが現在の反正陵は前方後円墳の墳丘の大きさ順では五十番よりもあと、墳長一四八メートルにすぎない。このため江戸時代には土師ニサンザイ古墳を反正陵と考えられたことがある。しかし文久の修陵のころから、『延喜式』の「諸陵寮」の項に見える百舌鳥三陵の記述を重視し反正陵は土師ニサンザイ古墳ではなく、三陵のうち北にある田出井山古墳（現反正陵）に指定された。その結果土師ニサンザイ古墳はもと陵の伝説があった古墳として陵墓参考地になったのである。因みに『延喜式』の百舌鳥三陵についての記述の必要個所を掲げよう。

百舌鳥耳原中陵　仁徳天皇。和泉国大鳥郡にあり。兆域東西八町、南北八町。

百舌鳥耳原南陵　履中天皇。和泉国大鳥郡にあり。兆域東西五町、南北五町。

百舌鳥耳原北陵　反正天皇。和泉国大鳥郡にあり。兆域東西三町、南北二町。

この記載はあくまで平安時代前期末での平安京に都をおいた律令政府の台帳にあったもので、北陵、中陵、南陵の方位による識別が古墳時代まで遡るかどうかは全く不明である。考古学者によっては百舌鳥耳原中陵などの名称を考古学の遺跡名に使っているけれども、使うのであれば北陵、中陵、南陵の区別が古墳時代まで遡ることを証明する必要がある。

ぼくは土師ニサンザイ古墳が反正陵、つまり中国の南朝の宋《そう》が倭《わ》王珍《おうちん》とよんだいわゆる倭の五王の一人の墓である可能性は今日も生きているとおもう。なお九世紀での陵墓の比定の混乱については後でふれることにする。

古代史や考古学では反正天皇をあまり重視していない。『紀』でも反正天皇については記述の分量が少ない。だがこの天皇の時代を「風雨順時、五穀成熟、人民富饒、天下太平」と称えている。「順時」は「時にしたがい」の意味、政治がうまくいったので、特筆せねばならないような事件がなかったのであろう。

古代史家の藤間《とうま》生大《せいた》氏は、『宋書』の倭王の記述を参考にして、反正陵を現・応神《おうじん》陵、つまり二番めに墳丘の大きい前方後円墳に比定したことがある（『倭の五王』岩波新書）。応神陵はのちにふれるように、ぼくの考古学的な命名での誉田《こんだ》山《やま》古墳である。

反正天皇の存在を大きく評価した点では藤間説は学史にのこるとおもう。反正陵が百舌鳥野にあるとする記紀の古伝を重視すると、土師ニサンザイ古墳反正陵説も捨てがたいが被葬者については後でふれる。なお陵墓参考地については順次ふれることにする。

戸原論文と文久の山陵図

〝百聞は一見に如《し》かず〟の諺《ことわざ》がある。以下、この諺を痛感した体験を話す。

一九六四年十月に発行された『書陵部紀要』十六号に掲載の戸原純一氏の論文「幕末の修

陵について」は、ぼくの天皇陵古墳の認識にとって大きな画期となった。

戸原氏は陵墓を管轄する宮内庁書陵部の職員であったから、書陵部に伝えられてきた図や文書を駆使しての論文であった。

文久の修陵については、それ以前にも多くの天皇陵関係の書物ではふれられてきた。だがそれらは修陵の動機や経過を記述しただけであり、修陵の中身についてはほとんど書かれていなかった。ところが戸原論文では、この時の修陵といわれる工事がどのようなものであるかを宮内庁所蔵の「文久の山陵図」に描かれた一基の天皇陵古墳の図を紹介することで明らかにされたのである。

その陵とは推古《すいこ》天皇陵で、ぼくの命名での山田高塚古墳である。この古墳はもとの地名でいうと大阪府南河内郡山田村（現太子町）山田字高塚にある。俗に王陵の谷といわれる磯長《しなが》谷《だに》古墳群にあって、指定の通りでよいとみられる聖徳太子《しょうとくたいし》の墓（磯長墓・ぼくの命名では叡福寺北古墳）は、山田高塚古墳の北西約一・二キロの叡福《えいふくじ》寺境内にある。この寺は俗に上の太子といわれるように聖徳太子の信仰上のゆかりの地である。

「文久の山陵図」ではそれぞれの天皇陵について、工事前の様子を「荒蕪図《こうぶず》」として示し、ほぼ同寸法のもう一枚を「成功図《じょうこうず》」として示している。「成功図」とは工事が終ってからの様子を描いている。

この絵は鶴沢探眞《つるさわたんしん》の描いたもので、写生の技術が綿密で相当な筆力の持主だったとみられる。地形によっては墳丘の全貌を捉えにくかったこともあるらしいが、天皇陵古墳の大部分は立地条件や墳丘などの段築などの特色をよく表せていて、今日見る者に眼福をあたえる。

山田高塚古墳は独立した岡の頂部を利用して方墳を造営したとみられる。荒蕪図では古墳の下の部分は畠になっているが、墳丘の上段部分は松の茂る森になっている。上段の裾《すそ》には棒杭を並べた垣をめぐらせ、陵の埋葬個所を保護している。垣は上段部分の墳丘の裾を一廻りしているから周垣《しゅうえん》といわれていた。

元禄《げんろく》のころ、細井広沢《ほそいこうたく》（知慎《ともちか》）という儒学者がいた。そのころ所在地すら不明となっている陵墓の多いことを憂い、陵墓探索の必要を説いた。そのこともあって、徳川綱吉《とくがわつなよし》の側用人をしていた柳沢吉保《やなぎさわよしやす》に仕え、陵墓探索の必要を訴えた。徳川幕府も京都所司代に命じて諸陵の探索と周垣の設置事業を元禄十年（一六九七）に始めた。この事業の顚末を細井広沢が述べたのが『周陵周垣成就記』である。

このとき京都所司代の指揮下にあった奈良奉行が絵師に描かせたのが「元禄の御陵絵図」とよばれるもので、江戸時代に多くの模写本が流布され、ぼくも丁寧に模写された一本を古本で購入して所蔵している。この本については、さらに先で言及することがあるだろう。

文久の修陵は山城と大和で精力的におこなわれ、河内がそれに次いだ。和泉は百舌鳥三陵の三個所だけだったから、土師ニサンザイ古墳などのちに陵墓参考地となる古墳は改変の手が加わることなく、原形をよくのこすことになった。

なお享保《きょうほう》五年（一七二〇）にも陵の周垣の状態を調査している。おそらく先の「荒蕪図」が描いている周垣は元禄か享保に設置されたものであろう。

「成功図」では最上段の斜面は松を少なくするなどはおこなっているが、原形をのこした。ところがそれより下に三段を設け、四段からなる方墳に改変されている。広い平坦地（テラス）をつけた最下段は相当の土盛り工事をおこなって作り出したとみられる。さらに最下段の裾には木柵列で区画し、また正面とみた所に鳥居を立てている。陵に鳥居を立てることは文久の修陵で全体に実施された。修陵以前は畠だった柵列より下方には、以上のように大量の土を盛って広い基部を新たに付け加えていて、このために多数の労力を費やしたとおもわれる。このように山田高塚古墳の現形からは原形を推察することはかなり困難となった。

このように戸原論文によって初めて文久の修陵前と修陵後が世に公表されたのである。これによってそれまで文字を通して理解していた文久の修陵の実態がよく分った。

前にも述べたようにこのときの修陵は遺跡の整備ではなく、荘厳な構築物としての陵を人々の目に映じさせることであり、それによって幕府が朝廷を尊崇していることを世間に分らせようとしたのである。このように修陵事業は政治的な目的のもとにおこなわれたのである。

二〇一〇年十一月、南島の尖閣諸島の海域で中国の漁船（普通いう漁船かどうかに疑念がある）が故意に日本の海上保安庁の船に衝突してきた事件があった。その一部始終を撮影したビデオは政府の思惑によって国民には公開されなかった。それに業をにやしたのであろうか、海上保安庁の一職員がネットに発表し、日本はもとより全世界に事の真相を分らせた。

ぼくが戸原論文で、文久の「修陵図」の一例を見たときには、今回の衝突事件のビデオを見たときにも劣らない強烈さがあった。すごく感激したといってもよい。研究者は感激があるから閃《ひらめ》きが湧きあがり新しい仮説の芽生えとなり、学問を前進させる。

この「山陵図」が公開されてからも、成功図には誇張があるので参考にはならないといっている人を見うける。このような人は何を見ても聞いて感激がないのだろう。感激のない人からは新しい学問は生まれない。

昭和四十二年（一九六七）九月、念願がかなって宮内庁書陵部で「文久の山陵図」の閲覧ができた。ぼくは修陵によって改変された例をノートに鉛筆でメモした。驚いたのは天皇陵古墳だけでなく、京都とその周辺にある平安時代から鎌倉時代の陵でもひどい改変のあった多くの例が知られた。これについては後で述べる。書陵部は、ぼくが必要とする個所はとりおきのフィルムで焼いてやろうといわれ、恐縮しながら約二十か所を依頼して資料とすることができた。

この日は戸原さんのお世話になった。後日、戸原さんはぼく所蔵の「元禄の山陵図」を見たいといわれ、わが家を訪問され半年間ほどお貸ししたことがある。

最初の推古陵はヤマトにあった

磯長谷の山田高塚古墳は推古陵とみてほぼ間違いはないだろう。とはいえ六二八年に推古天皇が七十五歳で亡くなると、飛鳥の小《お》墾田宮《はりだのみや》の南庭で殯《もがり》したあと、埋葬したのは高市郡の大野岡の上にあった竹田皇子《たけだのおうじ》の陵（合葬後が陵）であった。

推古天皇を竹田皇子の墓とみられる大野岡の上の陵に葬り、「後に科長大陵に遷《うつ》した」と『記』は述べている。科長は河内国石川郡にある郷名で磯長のこと、大陵と書くのは大がかりな古墳作りがおこなわれたのであろう。後に述べるように五条野丸山古墳も改葬後の推古天皇二十年に「檜隈大陵に改葬」と表記している。なお科長大陵に竹田皇子の遺体も遷したかどうかは『記』の記載からは窺《うかが》えない。おそらく遷さなかったのであろう。

推古天皇を死後すぐにどうして竹田皇子の墓に合葬したのだろうか。ここで二人の血縁関係を説明しておこう。

即位前の推古女帝は豊御食炊屋姫《とよみけかしきやひめ》（以下、炊屋姫と略す）といった。欽明《きんめい》天皇と大臣の蘇我《そがの》稲目宿禰《いなめのすくね》の娘の堅塩《きたし》媛《ひめ》は結婚していた。ただし堅塩媛は欽明天皇の皇后ではなく五人いた妃のうちの一人だった。

炊屋姫はやがて欽明天皇の次に即位した敏達《びだつ》天皇の皇后となり二男五女をもうけた。そのうちの第二子が竹田皇子であった。竹田皇子は五八七年におこった河内の物部守屋大連《もののべのもりやおおむらじ》の討伐にさいして厩戸《うまやど》皇子（のちの聖徳太子）らとともに参加した。

竹田皇子は母の炊屋姫から寵愛されていた節がある。炊屋姫が推古天皇として即位したあと、母より先に死に（いつかは不明）後に述べるように高市郡の墓に葬られた。

推古天皇は七十五歳の長寿で六二八年に亡くなった。死よりも先に天皇は遺詔していた。「それ朕《ちん》のために陵をたてて厚葬することなかれ。よろしく竹田皇子の陵に葬るべし」。この遺詔によって推古天皇は竹田皇子の陵に葬られた（以上『紀』）。なおここで陵とあるのは正しくは墓、天皇を合葬してからが陵である。

『記』は推古天皇までを扱っていて、推古天皇の治世についての記事は簡潔である。小治（墾）田宮で政治をとったこと。御陵は大野岡の上にあって、後に科長大陵に遷したことを述べ、『記』は全部の記述を終っている。

最初に葬った大野岡の上にある陵とは、『紀』がいう推古天皇を追葬して合葬した竹田皇子の墓とみてよかろう。

推古天皇の母の堅塩媛はすでに述べたように欽明天皇の皇后ではなく五人いた妃の一人にすぎなかった。これは炊屋姫が推古天皇となって権勢をふるうとともに耐え難くなったことだったとみられる。しかも堅塩媛の父は蘇我大臣稲目であり、蘇我氏にとっても堅塩媛の地位を高めたかったのであろう。

推古天皇の即位後二十年たった六一二年に、天皇陵の歴史にとって未曾有の出来事がおこった。このことは後でも陵墓参考地の五条野（もと見瀬をつけた）丸山古墳の項で述べるけれども、それまで檜隈陵（梅山古墳か）に葬ってあった堅塩媛の遺骸を、夫の欽明天皇の陵である檜隈坂合陵を大改造してそこへ移葬したとぼくはみている。夫の欽明天皇にとって堅塩媛が皇后であったかのような扱いを強引にしてしまったのである。これは欽明天皇の死後四十一年たってからの出来事だった。このとき『紀』は「皇太夫人堅塩媛を檜隈大陵に改葬す」と記している。大改造してからの檜隈坂合陵は檜隈大陵とよばれ、堅塩媛を妃ではなく皇太夫人とよんでいることも注目してよい。皇太夫人は皇太后とほぼ同等だった。

竹田皇子がいつ死んだかは史料では述べられていない。一つ分るのは推古天皇が亡くなった六二八年よりは前だということである。

二〇〇〇年五月、奈良県橿原市の五条野で思いがけない古墳が見つかった。五条野は御廟野あるいは御陵野から変化した地名とみられ、後に述べるように堅塩媛を強引に改葬した欽

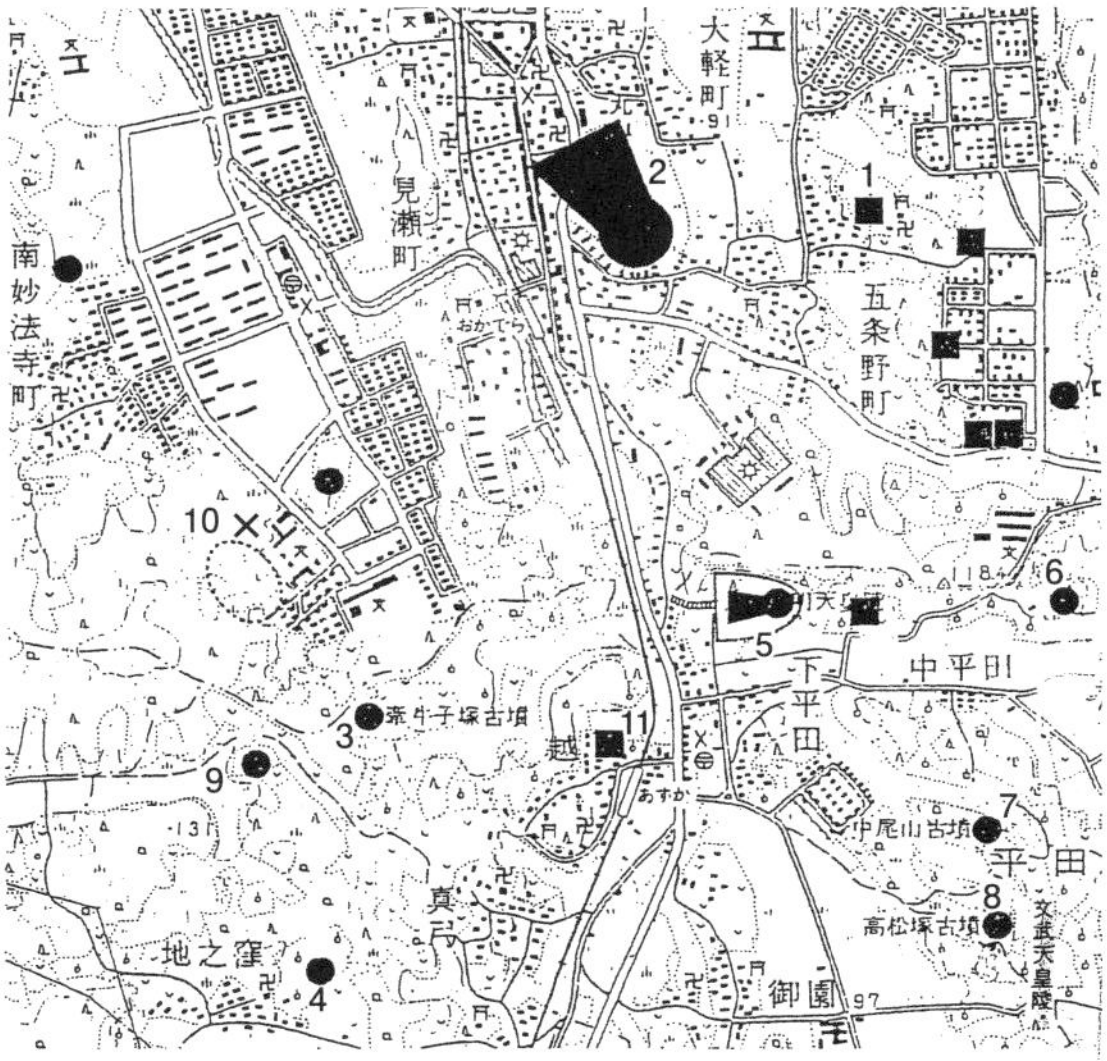

図4　五条野周辺の主要古墳

１植山古墳　２五条野丸山古墳　３牽午子塚古墳　４マルコ山古墳　５梅山古墳　６野口王墓古墳　７中尾山古墳　８高松塚古墳　９真弓鑵子塚古墳　10　盆田岩船　11越岩屋山古墳

明陵（檜隈坂合陵、合葬にさいしての改造後は檜隈大陵）のある土地である。

この地は橿原市とはいえ明日香村の甘檮《あまかし》の岡から西に延びてきた尾根の先端部にある。甘檮の岡の西方といえば、すでに述べた大野岡の上（尾根の上）の推定地でもある。

新たに見つかった古墳は土地での呼称をとって植山古墳とよばれるようになった。古墳の頂に立つと目の前の西方すぐのところに五条野丸山古墳がある。約三〇〇メートルの近さである。このことは欽明天皇と堅塩媛の合葬陵を意識して植山古墳の場所が決められたとみるのが自然であろう。

植山古墳がみつかった直後は、二つの小古墳が接しているとみられたが、発掘によって深い堀（水はためなかったか）をめぐらせた長方形墳だったことが分った。堀の底には石を敷いて丁寧に造営されていた。

墳丘の規模は東西四〇メートル、南北二七メートル、東西にはそれぞれ横穴式石室があって双方墳ともよべる。どちらの石室も天井石は過去に持ち去られていた。

東の石室の玄室には家形石棺が置いたままになっていたが、西の石室には石棺がなく運び出されたとみられる。このことからみて、東の石室が竹田皇子のもの、西の石室にいっとき推古天皇を葬っていたのであろう。この石室は河内への改葬にさいして副葬品も運びだしたとみられ大部分は残されていなかった。

この長方形墳は、先に竹田皇子用の東の石室を

図５　五条野丸山古墳と植山古墳（×が植山古墳。1963年撮影）

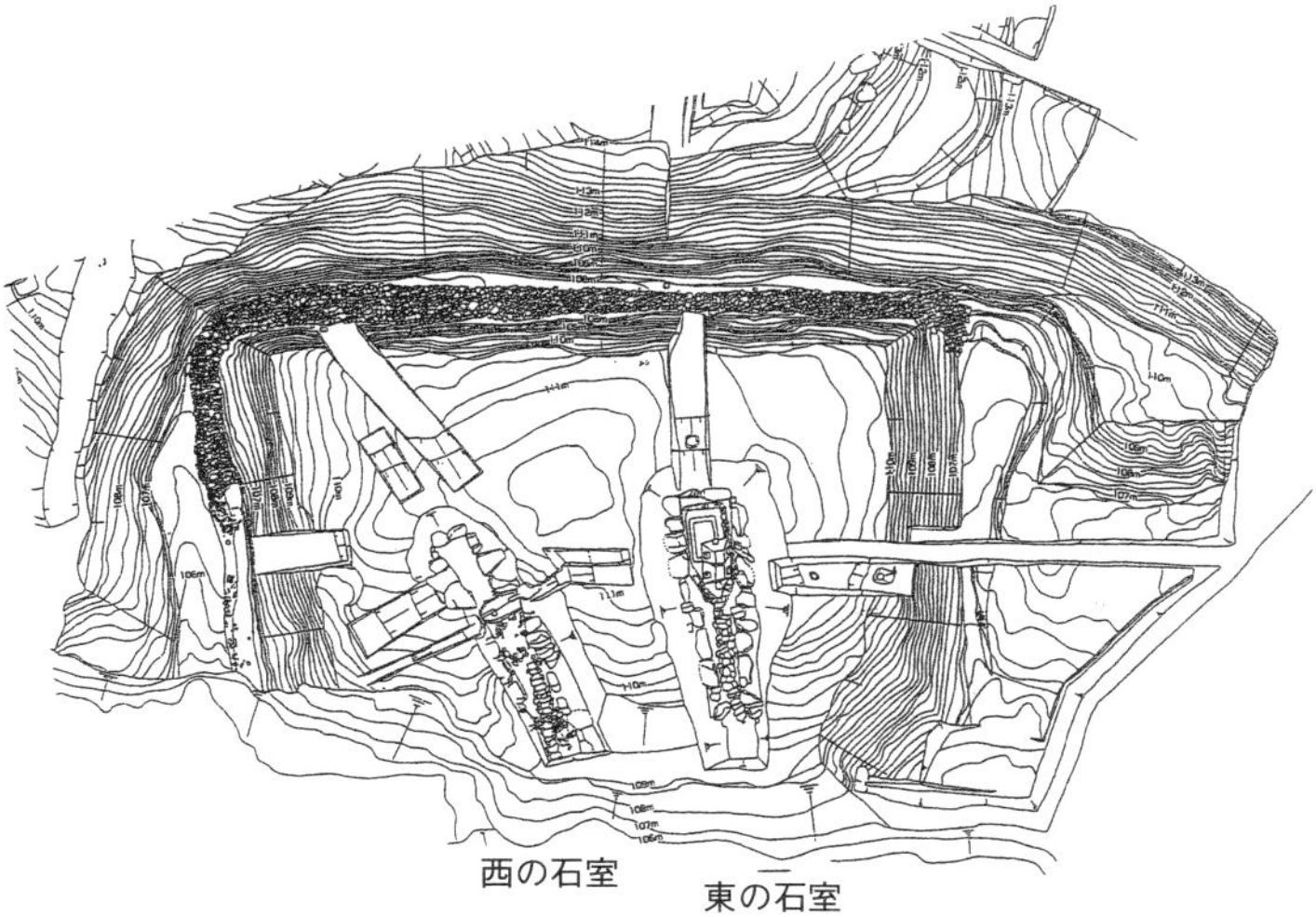

図6　植山古墳の墳丘と東西の横穴式石室（明日香村の資料を簡略化、上が北）

おさめる墳丘が作られ、推古天皇の死にさいして西の石室を横に設け、結果として長方形墳となったという見方もあるだろう。しかし墳丘の周囲に見事な堀がめぐることから、一気に長方形墳が造営されたとする見方のほうがよさそうである。さらには堀のすぐ外側に頑丈な木柵列をめぐらせたらしく、整然と並んだ柱穴の跡が検出された。

　ということは、竹田皇子の死が推古天皇の晩年のことで、『紀』が述べている「竹田皇子の陵に葬るべし」の遺詔（遺言）は推古天皇の死の直前に出されたのではなく、竹田皇子の死が近づいたときに出されたのではなかったかという気がする。

百姓の生活が苦しそうだから、すぐに大陵を造営するのは困難で、とりあえず竹田皇子と一緒の古墳を作っておこうということだったかと思う。つまり、〝竹田皇子の陵に葬れ〟といっても同一の石室を利用するのではなく、接近した別の石室を作りそこに葬ってほしいということであった。同一の墳丘は利用するけれども、別々の石室、まして石棺も別々という形をとった広義の合葬だったとみられる。

植山古墳はこのように最初の推古陵だったことは間違いなかろう。ではどうして欽明天皇や堅塩媛を合葬する檜隈大陵至近の地に古墳を営んだのだろう。

それは推古天皇にとっては、欽明天皇と堅塩媛は父母であり、竹田皇子にとっても欽明天皇らは祖父母だということで、どちらをとっても血縁関係が意識されたのであろう。

野淵龍潜と『大和国古墳墓取調書』

植山古墳の発掘が始まったころ、考古学界でその遺跡を知っていた人はいなかったであろう。つまり長らく忘れられていた古墳だった。

明治二十年に奈良県属（判任文官）として県庁の内務部に勤務し、奈良県全域の古墳の悉皆《しっかい》といってよいほどの分布調査をおこなった人がいた。野淵龍潜《のぶちりゅうせん》である。

野淵がいつどのようにして古墳探索の方法と古墳の観察法を学んだかは不明であるが、短期間にこれだけの成果をあげたことは驚異である。

『大和国古墳墓取調書』は手書きのスケッチからなる「古墳墓見取図」と、そのうちの主要古墳の解説文からなる「大和国古墳墓取調書」の二つからなっている。巻末にどちらにも「明治二十六年三月結了　取調主任　奈良県属　野淵龍潜（印）」と記している。

ぼくは昭和四十年ごろ、宮内庁の陵墓監だった山崎鐵丸《てつがん》氏からそのうちの「大和国古墳墓取調書」のコピーを頂いたことがある。このころ山崎氏からはいろいろ親切にしてもらい学恩をうけた。

「大和国古墳墓取調書」の第五三三号から五三六号までは一括記述で、そのなかに植山古墳の説明がある。「高市郡白橿村大字五条野ニ在リ、何レモ所伝考証等ノ資料ヲ欠クヲ以テ考査スルニ由ナシ。第五百三十三号ハ同郡高取町西内某、之ヲ発掘《ママ》シ其石ヲ斫出シ某神社ノ手水鉢ニ供セリト。実ニ思ハサルノ甚シキモノト言フベシ」。「斫出シ」は「きりだし」のこと。白橿村は今日では橿原市に属している。なお「古墳墓見取図」では五三三号が植山古墳であることが分る。

この解説文の元となった「古墳墓見取図」の原本は奈良県庁の社事兵事課に伝えられていた。それを実見できたのは昭和五十年ごろだった。

秋山日出雄という考古学者が奈良県に住んでおられた。近世史料にも詳しい人で、橿原考古学研究所の所員だった。ぼくも所員をずっとしていたが所員といっても非常勤でほかに本務があった。

秋山さんは昭和六十年に野淵の手になるスケッチと解説を一冊にして『大和国古墳墓取調書』と題する大冊を由良大和古代文化研究協会から発行された。このころこの原本は奈良県庁の社事兵事課から橿原考古学研究所に移管されていた。

ぼくは『大和国古墳墓取調書』の刊行によって、初めてスケッチと解説文を対応させることができるようになった。

野淵の描いた古墳のスケッチは、今日の証拠写真のように正確で巧みに古墳の特徴をとらえている。例えば桜井市にある外山《とび》茶臼山古墳も見事に前方後円墳として全貌を描いているし、橿原市の新沢《にいざわ》千塚古墳群も「満山皆塚」の文を副《そ》えて小古墳が群集している様子を描いていた。

五三三号のスケッチに副えられた短文では「高市郡白橿村大字五条野字植山、第千百廿三番ノ乙、古墳墓、反別八歩、民有地」さらに「高サ一間、廻十三間」とある。

スケッチは小墳丘の中央に南面した横穴式石室の玄室とおぼしきものが天井石を失って露呈している様子を描いている。これが植山古墳の東石室のようである。なお前にも記したように、解説文には五三三号から五三六号までを一括して述べられていた。スケッチで見ると

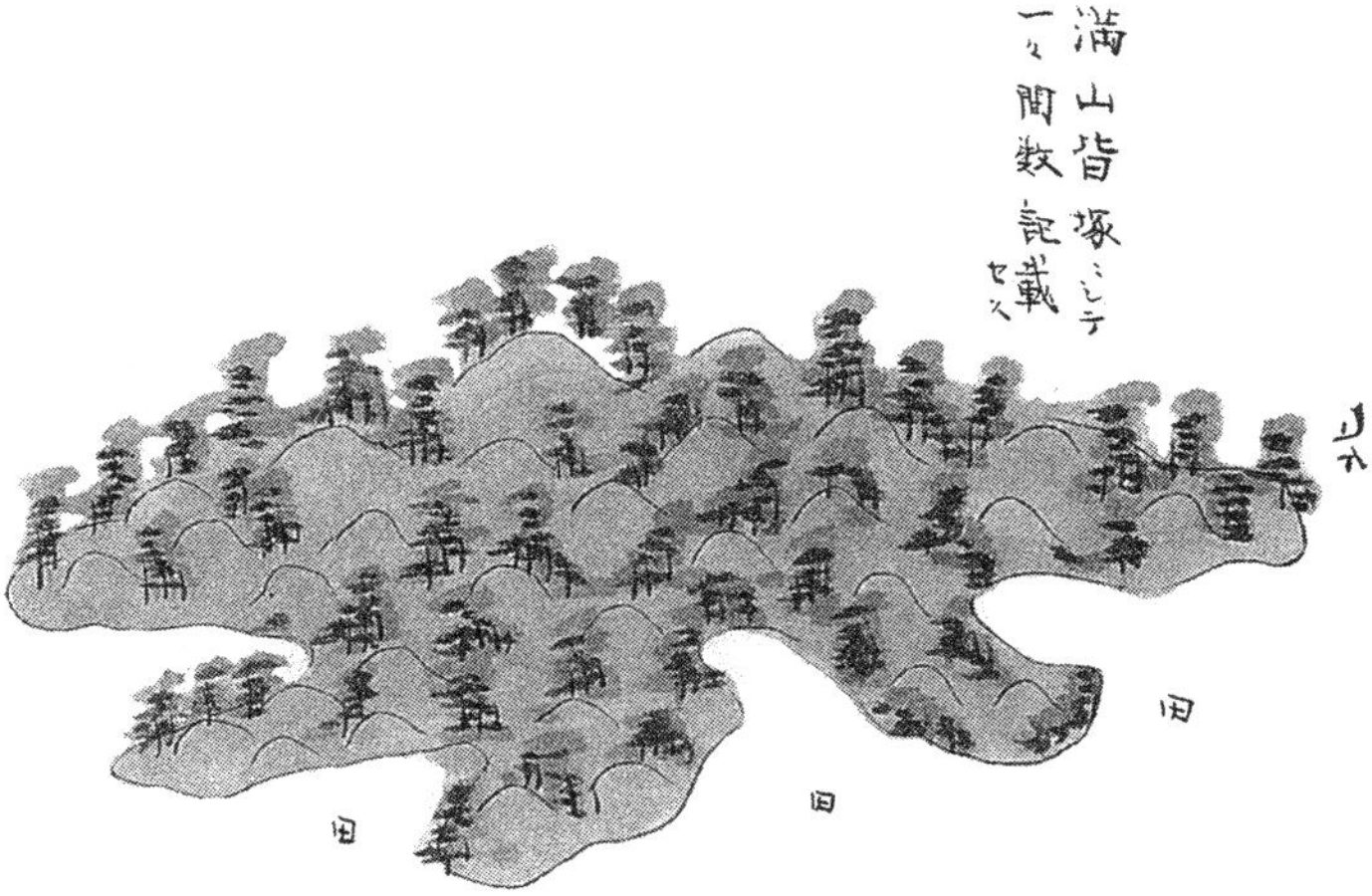

図７　野淵龍潜の描いた明治の新沢千塚古墳群

五三五号が西石室に当るようである。

野淵は在官中の明治四十二年（一九〇九）一月十二日に亡くなった。大正十四年（一九二五）に奈良県は野淵の調べた記録を「県内御陵墓・同伝説地及び古墳墓表」にまとめ、『奈良県史跡名勝天然紀念物調査会報告』第八回として刊行した。ぼくも古本で入手して活用している。そのなかの高市郡の項に次の記載がある。「植山古墳、長方形、山林、白橿、五条野、植山、一一二三ノ乙、古墳墓、八（歩）、東西一間半、南北二間半、民有地」とある。

注意してよいのは、墳形の欄に「長方形」と原文になかった記述がある点である。これは大正十四年に地名表として出版する際、佐藤（虎雄）委員が観察を追加したものであろう。それにしても野淵龍潜の精力的な踏査は、今日のサラリーマン化した多くの考古学従事者にとっては見習うべきだと思う。植山古墳は決して二〇〇〇年に初めて発見されたのではない。

それにしても最近の考古学はコンピュータを使った復原図と称する想像の姿を創出することに努力する人が多い。それも役立つこともあるだろう。しかし遺跡から学ぶことをしたがらない傾向があると聞く。

考古学者というからには、どこかの地域やどこかの古墳群を、自分なりに分布調査をしてみた体験が必要である。遺跡の踏査である。これに携ったことのない人は考古学にとっての最重要な基礎ができていないといわざるをえない。そういえば一昔前の考古学は英語の**archeology**をもじって、アルケオロジイといわれたものである。歩く学問の意味である。

『古墳の発掘』の執筆

昭和三十年代のぼくは、大阪府で府立高校に勤めていた。昭和三十年（一九五五）には、百舌鳥古墳群を構成する核的な前方後円墳であるイタスケ古墳にも開発による破壊の手が及びかけた。幸いこの古墳は周囲に水をたたえた濠がめぐっていたため、工事用の橋を濠にかけている最中に危険性をさとり（図23）、手さぐりの保護活動を始めた。おそらく市民運動としての遺跡の保護活動は、これが最初であろう。

初めのころは開発のまえには無力をさらけだし、それを臆面もなく表明していた堺市や大阪府の教育委員会も、市民運動の勢いにおされてついにイタスケ古墳は仮史跡となりさらに史跡となり今日のこっている。

そのようなことも終って、これも開墾の手が及びかけた奈良県橿原市の新沢千塚古墳群の五年計画の発掘をぼくが指揮することになった。なお野淵氏は川西と鳥屋にある古墳群を区別していたが、ぼくは一つの古墳群とみた。

その最中、中央公論社が『日本の歴史』を刊行することになり、井上光貞先生担当の一巻（「神話から歴史へ」）の考古学関係の個所の執筆を手伝うことになった。

一夏の休暇の大半を新沢千塚古墳群の発掘に費やし、それが終った一週間ほどで書きあげるのだから、死物狂いで書きつづけた。

当時は（狭山町にあった）わが家には、扇風機がなかったので、氷屋で氷柱を毎日二本買ってきてバケツにいれて、ぼくが座る左右に立て懸命に書いた。

『日本の歴史』の執筆が峠をこえたころ、編集長の宮脇俊三氏から〝森さん、中公新書というのがあります。それで古墳の入門書を書きませんか〟のお誘いをうけた。このようにして生まれたのが『古墳の発掘』である。初版本がでたのは昭和四十年四月十五日、この本のなかで「タブーの天皇陵」の項目を設け、そのなかで「天皇陵の再検討」と「見瀬丸山古墳は天皇陵か」の二つの問題提起をおこなった。この当時は見瀬丸山古墳とよんでいたが、現在は五条野丸山古墳を使っている。これについてものちに述べる。ぼくが同志社大学へ移る(昭和四十年九月)直前のことだった。

『古墳の発掘』は古墳研究の入門書というだけでなく、「タブーの天皇陵」と「古墳の破壊」の二つの項に力をいれた。後者では「いたすけ古墳を守る運動」の紹介にも力をいれた。別の本で書いたことだが、一生に一度も古墳を含めての遺跡の保護活動をしたことのない考古学者なんて、本物ではないとぼくは思っている。感激と衝動のない蠟《ろう》人形のような輩《やから》である。

一つぼくの希望をいっておこう。『古墳の発掘』は一九六五年に出た本であり、酒造りでいえば蒸米の仕込みを終った段階での執筆だった。読み直してみると資料の不足や解釈の未熟な個所は多々ある。その後の新事実の発見や資料の解釈の進歩によって、順次何かの本で訂正したつもりである。

とくに一九七二年三月に高松塚古墳の壁画が学界に知られるようになったので、思いきって十一版(一九七二年六月)の刊行にさいして若干の増補をおこない、巻末に「十一版あとがき」を書いた。

希望というのは考古学史の一資料として『古墳の発掘』を読んでほしいということである。今回の本（『天皇陵古墳への招待』）と解釈や資料の提示に違いがある場合は『天皇陵古墳への招待』のほうが今のぼくの考えだとみてほしいのである。

『古墳の発掘』初版本では、思いきって「天皇陵の所在地と墳形」の一覧表を作り、備考欄に記号で各天皇陵古墳の信憑性の度合いを示した。これを実行したのは古墳研究では最初であろう。

多くの天皇陵古墳に「妥当なようではあるが、考古学的な決め手を欠く」として●印をつけた。十一版ではこの表にも手を加え、例えば初版本で「ほとんど疑問がない」で○印にした仁徳天皇陵を十一版では●の評価に落とした。斉明《さいめい》陵はどちらの版でも●にしたが、現在では「付近により適当な古墳がある」の□になる。このことについては後でさらに述べるし、巻末に現在考えている信憑性の度合いを示す表をいれた。とりあえずここには初版本の一覧表をそのまま転載しておこう。

天皇陵古墳の考古学的遺跡名

高松塚古墳の壁画が見つかった直後の一九七二年に、高松塚古墳の座談会を江上波夫、上田正昭、久野健、金達寿氏とぼくとでおこない『壁画古墳の謎』（講談社）の題で刊行した。

この本のなかでぼくは〝仁徳陵〟や〝継体《けいたい》陵〟を遺跡名とすることに躊躇《ちゅうちょ》をおぼえ〝宮内庁が仁徳陵に指定している古墳〟という意味で仁徳陵古墳のような遺跡名で話した。

自分自身が悩んだ末での使用だったが、それは暗に天皇陵古墳の指定への疑念を表明する

天皇	所在地	墳形	備考
開化	奈良県奈良市	前方後円	△
崇神	奈良県天理市	前方後円	●
垂仁	奈良県奈良市	前方後円	●
景行	奈良県天理市	前方後円	●
成務	奈良県奈良市	前方後円	●
仲哀	大阪府美陵市	前方後円	*
応神	大阪府羽曳野市	前方後円	○
仁徳	大阪府堺市	前方後円	○
履中	大阪府堺市	前方後円	●
反正	大阪府堺市	前方後円	△
允恭	大阪府美陵市	前方後円	●
安康	奈良県奈良市	山形	?
雄略	大阪府羽曳野市	円?	□
清寧	大阪府羽曳野市	前方後円	*
顕宗	奈良県香芝市	前方後円?	?
仁賢	大阪府美陵市	前方後円	*
武烈	奈良県香芝市	山形	?
継体	大阪府茨木市	前方後円	△□
安閑	大阪府羽曳野市	前方後円	●
宣化	奈良県橿原市	前方後円	△□
欽明	奈良県明日香村	前方後円	□
敏達	大阪府太子町	前方後円	△
用明	大阪府太子町	方	●
崇峻	奈良県桜井市	円	?□
推古	大阪府太子町	方	*
舒明	奈良県桜井市	方	●
皇極	(重祚して斉明天皇)		
孝徳	大阪府太子町	円	●
斉明	奈良県高取町	円	●
天智	京都府京都市	方	○
弘文	滋賀県大津市	円	●
天武	奈良県明日香村	八角	○

△墳丘の型式が天皇の順位とはなれている。
?古墳として疑問、ほかに候補地を求めたほうがよい。
□付近により適当な古墳があり、検討すべきである。
*付近に可能性のある古墳があり、検討の余地がある。
●妥当なようであるが、考古学的な決め手を欠く。
○ほとんど疑問がない。

表2 『古墳の発掘』初版本の天皇陵古墳一覧表(1965年)

ものとして意外と世間に影響をあたえた。早速高校の日本史の教科書でもその遺跡名を使うところも現れだした。ただし宮内庁のある人からはそれを非難する手紙をうけとった。

だがぼくは不満だった。〝仁徳陵古墳〟を使いだしたことは確かに一歩前進ではあるが、この遺跡名ではまだ特定の被葬者をあらわす仁徳を使ってしまっている。それに仁徳という漢字二字からなる名は八世紀になって創出された漢風の謚号《しごう》であって、古墳時代にはまだ無かった。

そこで考古学が普通に使っている古墳の命名法、例えば宝塚、車塚、茶臼山、黄金塚などそれぞれの古墳の所在地の人びとが呼んでいる地名での古墳名を天皇陵古墳の名称にも適用することにした。さらに土師ニサンザイ古墳で述べたように同名の古墳のある場合は、上に大字名などの地名を冠し外山《とび》茶臼山古墳や太田茶臼山古墳のようにした。因みに太田茶臼山古墳は大阪府茨木市にある現在の継体陵のことで、継体の真陵とみられるのは高槻市にある今城塚古墳である。このことにはすでに『古墳の発掘』でもふれた。

昭和五十一年（一九七六）に保育社のカラーブックスとして『考古学入門』を書くことになった。このとき天皇陵古墳の遺跡名を考古学的名称にする私案を出した。まだ全部の天皇陵古墳ではなかったが、崇神《すじん》陵→行燈山《あんどんやま》古墳、景行《けいこう》陵→渋谷《しぶたに》向山古墳、応神陵→誉田山《こんだやま》古墳、仁徳陵→大山《だいせん》古墳、用明《ようめい》陵→春日向山古墳、推古陵→山田高塚古墳、天武《てんむ》・持統《じとう》合葬陵→野口王墓古墳などである。

この私案に賛成らしい人が大山古墳より大仙古墳がよいなどのクレームをつけたりしたが、徐々にこの遺跡名の使用に賛同する人の数が増えだした。それにぼくは天皇陵古墳の遺跡名をつけるとき、できるだけ近代の名称は避け、近世での土地の慣行を参考にした。その結果、大山があの巨大前方後円墳の近世での使用例にあることを見つけ出しそれに従ったのである。

大阪府の古市古墳群に允恭陵古墳がある。ぼくはこの古墳の考古学的名称を市の(野)山古墳とした。大阪府の教育委員会は、看板でこの古墳の遺跡名として、いち早く市の山古墳にしてくれたのが記憶にのこっている。

考古学的な遺跡命名法による天皇陵古墳名は一九七八年の『大阪府史』第一巻の「古代篇」でも大阪府関係を充実したし、一九八一年の『巨大古墳の世紀』(岩波書店)でもより充実させ、さらに一九八三年四月から九月にかけてのＮＨＫの市民大学で「日本の古墳文化」の講義をしたさい、十九回めで「天皇陵古墳」を扱い新しい遺跡名を使った。このようにして今日に至っている。

ぼくが大山古墳の遺跡名にたどりつくまで、陵墓参考地で天皇陵古墳へのほのかな疑念をもってから三十三年はかかったが、とりあえず天皇陵研究の遍歴にコンマを打つことができた。第二章を終ることにする。

第三章
前期の天皇陵古墳

古墳時代の区分と終末期古墳

古代の日本人は、何かに取憑《とりつ》かれたように古墳の造営に狂奔した時期があった。その時期とはおよそ三世紀末から七世紀初頭までの三百数十年間である。

政治の中枢の地に古墳があるだけでなく、南九州から東北地方の北部（青森県）に至るまでの広い範囲に古墳は造営された。しかも離島とよばれる島々や山で囲まれた山里にも古墳がのこることはよくある。

このように三世紀末からの三百数十年間は、古墳とよばれる構築物を通して視覚的にも識別のできる時期であるから、この期間が古墳時代とよばれていることには根拠がある。

古墳時代は前期、中期、後期の三時期に大別できる。このことは国史学者の水野祐氏が古代王朝の変遷を古王朝、中王朝、新王朝の三期に区分されたことにも通じるようである。
つまり水野氏の古王朝が古墳時代前期、中王朝が中期、新王朝が後期にほぼ重なっていて、これは偶然にそうなったのではなさそうである。

古墳時代前期（以下は前期と略す）の前に初現期を想定できそうなことは充分予想される。京丹後市にある赤坂今井の方墳や大風呂南一号墳丘墓（長方形墳）さらに南丹市の黒田古墳（前方後円墳）を初現期にしてもよいけれども、後期の弥生土器が使われているために弥生時代の墳墓として考えてしまう人が多い。いずれにしても丹後や丹波（六世紀とそれ以前は一つの旦（丹）の国）が古墳発生への胎動の一つの地域であったことには注意する必要がある。

ぼくは丹後や丹波の以上の三基の古墳は、古墳時代初現期とみるけれども、この時期にはまだ古墳の造営が日本列島の多くの地域に普及した形跡が乏しく、強弁することを避ける。

奈良県桜井市の箸墓（箸中山）古墳は、造山として造営された大型の前方後円墳として初めて現れるが、倭迹迹《やまととと》日《ひ》百襲《ももそ》姫《ひめ》の大市墓《おおいちのはか》として天皇陵古墳になっていて年代を含め詳しいことが不明である。したがって前期古墳なのか初現期の前方後円墳なのかを決める資料を欠いている。研究者によっては四世紀代に下げる考えもある。今回は箸墓についての私見は述べない。ぼくが今一番学術調査の必要性を痛感する天皇陵古墳である。

古墳時代の終末期は歴史学でいう飛鳥時代にほぼ合致している。天皇でいえば舒明《じょめい》天皇から文武《もんむ》天皇までである。ただし終末期での古墳の造営は天皇と皇族、それと功臣とでもいうべき一部の貴族に限られている傾向が強い。つまり後期のように日本列島の隅々にまで古墳造営の風習がゆきわたっていたのではなくなった。その意味で終末期は古墳造営の風習の終末期ではあるが、古墳でもって日本列島史を時代分けできる普遍性はない。

推古天皇の時代が後期末なのか終末期初めなのかの問題がある。蘇我馬子《うまこ》は六二六年に死んだが、その墓である桃原墓は明日香村島之庄にある石舞台古墳とする説が有力であるし、それでよかろう。

石舞台古墳の墳形は上段の盛土を古くに失っているが少なくとも下段は方墳で、壮大な横穴式石室の構造からみて後期末とされる。推古天皇が亡くなったのは馬子の死の二年後の六二八年で、最初に葬られていたとみられる奈良県の植山古墳の西石室も構造上では後期末とみられる（四〇ページから四七ページ）。ただし大阪府の磯長への改葬時に築かれた山田高塚古墳は、埋葬施設の構造が不明で、後期末か終末期初めかを論じる資料はない。

なお元明《げんめい》天皇以降の天皇陵に古墳を採用した例があるのかどうかや、記紀のうえでの始祖王である神武天皇陵をどう考えるかについては後で章をもうけてふれることにする。

崇神陵としての行燈山古墳

ぼくは一九五〇年に研究ノートとして「古墳の農耕的性格の展開」を書いた（『古代学研究』三号）。大学の三年生のときで、未熟な内容だったがその題が示すようにかなり若さをのぞかせる一文ではあった。

この研究ノートを書いた一つの動機は、初めて奈良県天理市柳本字アンドにある崇神陵に治定されている前方後円墳、とくに前方部側の正面にある広大な濠を見たときに遡る。

この古墳の濠は山につづく後円部側での幅は狭く、くびれ部あたりから幅は広くなっている。とくに前方部正面では濠の幅は広く堤もいかめしいほど高く、したがって貯水量が豊富だった。

この古墳の濠を見たとき、「能力からいって堂々たる大貯水池に相当する」という印象をうけた。つまり大古墳の濠は墳丘をきわだたせるだけではなく、灌漑の役割、つまり農耕的な機能をもあわせ有しているとみたのである。

この研究ノートは、現時点でもう一度徹底的に手をいれる必要はある。ただし若さを臆面なく表明している点は、今のぼくにはもう出来そうもない。なおこの研究ノートではまだ崇神陵を遺跡名とするなどの幼稚な段階の著作だったし、何よりもその古墳の現形を原形と即断していているという致命的な欠陥があった。

この研究ノートを書いた一九五〇年はまだ敗戦の後すぐといってもよい。その当時、考古学界や歴史学界では、従来の日本古代史がもっていた建国からしばらくについての体系を捨て去っていた。歯止めとして天皇でいえば崇神天皇からを実在とみようとする動きが強かった。

崇神天皇からを実在としてよかろうとする根拠は二つあった。まず記紀ともにこの天皇の称号を「初国知らす所の御眞木天皇」(『記』)とか「御肇国天皇《はつくにしらす》」(『紀』)としていて、建国の始祖と考えていた様子があること。もう一つは崇神天皇からの陵とされているのが考古学的にいうところの前方後円墳であること。つまり個々の陵の比定には問題があるとしても、どこかに真陵としての古墳がありそうだということ。この二点が大きかったようである。これについての先学の個々の記述の引用は省く。

ぼくは崇神陵とされている前方後円墳を行燈山古墳(以下はこの古墳名を使う)と命名したことは先に説明した。そのように認識を改めるようになったきっかけは、一九六〇年三月におこなった天神山古墳の発掘である。この古墳はイザナキ神社古墳ともよばれ、行燈山古墳の陪墳とみられる位置にある前方後円墳である。陪墳は陪塚ともよばれ、大型の前方後円墳(主墳)の濠のすぐ外側に規則正しく配置された主墳より規模の小さな古墳のことをいう。

中期の巨大古墳に多いが、行燈山古墳と天神山古墳の関係は最初に出現した陪墳とみられている。行燈山古墳は天神山古墳を含め三基の前方後円墳を陪墳として伴っている。巨大な前方後円墳が陪墳を伴うようになる意味では、一つの画期とみてよかろう。

天神山古墳の後円部には合掌式の竪穴式石室つまり天井石をもたない石室があって、石室には約四〇キログラムの朱と二十面の銅鏡を収めた木櫃《もくびつ》（棺ではない）が蔵されていた。この木櫃では仕切板でへだてられた主要部の外部にも三面の銅鏡を置いていた。

天神山古墳が陪墳の位置にあることを重視すると、主墳にたいして大量の朱や銅鏡などを埋蔵したともみられる。ここで強調しておきたいことは、考古学者のなかに出土状況を無（軽）視してしまい、朱や銅鏡があったとすることだけで遺骸の埋葬を推定してしまう人のいることである。悪しき遺物偏重主義者である。

考古学の研究法には、出土遺物の配置など出土状況を重視する遺跡学と、出土状況には頓着することなく遺物から憶測を導いてしまう遺物学との二通りある。ぼくはもちろん遺跡学の立場をとりつづけているし、例えば三角縁神獣鏡魏鏡（卑弥呼の鏡）説をとる小林行雄氏にはじまる論者は徹底した遺物学者である。その違いは討論によって解決されるものではなく、考古学の定義と方法論の基本的な相違に由来することで、考古学そのものが天と地ほどの違いがある。このことは今までにも折にふれて力説したことだからここではこれ以上は述べない。

天神山古墳の発掘報告書は、一九六三年に奈良県教育委員会から発行された。伊達宗泰さんと小島俊次さん（両者とも故人）、それとぼくとの執筆で『大和天神山古墳』として刊行された。今ではその遺跡名は大和の用例からみてふさわしくなく、「柳本天神山古墳」か「イザナキ神社古墳」のほうがよいように考える。

この発掘で柳本在住の秋永政孝氏のお世話になった。秋永氏の御先祖は柳本藩士で、秋永氏は近世文書の研究者でもあり、文久の修陵のときに行燈山古墳がうけた工事の実態などを話していただいた。それはぼくが長年もっていた行燈山古墳の濠についての認識に大修正をせまる内容だった。そこでお願いして発掘報告書に「崇神天皇御陵改修工事関係の資料」の一文を特別に寄稿していただき、ぼくが文久の修陵について目を開く動機となった。その内容は次節以下に述べよう。

文久の修陵と下野の宇都宮藩

文久の修陵は下野《しもつけ》の宇都宮藩がおこなった幕府への進言と担当で進められた。下野といえば寛政《かんせい》のころ蒲生君平《がもうくんぺい》があらわれた土地である。君平は陵墓の荒廃をなげいて近畿地方に出かけ、天皇陵古墳を踏査し一八〇八年に『山陵志《さんりょうし》』を著した。これによって山陵復興と考古学があらわれる気運が強まった。幕末に宇都宮藩が山陵復興の建策に名乗りをあげたことには、下野とは君平がいた土地であるという誇りがあったのである。

『山陵志』が刊行されたとき、幕府はこれによって尊皇の気運のたかまることを恐れ、君平を処罰しようとする案がでた。このとき林大学頭が「草野に危言あるは国家の幸なり」といって処罰論者をおさえたという。ぼくの好きな言葉、徳川幕府には筋の通った意見をいえる人物がいたのである。ぼくがいう町人学者とは、草野の研究者のことである。

行燈山古墳と西殿塚古墳

文久の修陵は文久三年（一八六三）暮の神武陵の工事で始り、行燈山古墳は元治《げんじ》元年（一八六四）九月に工事が始まった。注意を要するのは、元治元年の工事着工のさいは行燈山古墳は景行陵とされていて、今日景行陵となっている渋谷向山（王の塚とも）古墳が崇神陵だった。つまり崇神陵とか景行陵といっても、時代によって比定される古墳は同じではないのである。このことは行燈山古墳を例にして丁寧に説明しよう。

ここで『記』や『紀』での二つの陵の記載をみておこう。崇神陵は『記』では「御陵は山辺道の勾の岡の上にあり」、『紀』では「山辺道の上の陵に葬る」とある。景行陵は『記』では「御陵は山辺道の上にあり」とし『紀』では「倭《やまとのくに》国の山辺道の上に葬る」とある。

今日でも行燈山古墳と渋谷向山古墳のすぐ西方を古代からの三道のうちの上ツ道が南北に走っている。上ツ道に近い古道を古くには山辺道ともよんだのであろう。しかもそれぞれの古墳は東方の山地から西方へと延びる山脚の先端部を利用した位置にあるから、上ツ道よりは上、つまり少し高い地形にある。「山辺道の上の陵」とは行燈山古墳か渋谷向山古墳のどちらかを指しているとみてよかろう。

幕末の修陵にさいしては、先に述べたように行燈山古墳が景行陵、渋谷向山古墳が崇神陵として工事は始った。これは安政二年に南都奉行の調査で決定されていたのだった。

幕末の修陵事業に京都側から加えられた考証家（学者）に谷森善臣《たにもりよしおみ》がいた。谷森は安政《あんせい》四年四月に大和の山陵を巡検したことがあり『藺笠《いがさ》のしづく』を著した。この巡検にさいして山辺へも行っている。

谷森は渋谷村の向山にある古墳にたいして、「この向山を崇神天皇の山辺道勾岡上陵に充《あて》たる説あれど、岡上といふべき地勢にあらねば、景行天皇の山辺道上陵にやあらん」と疑問をいだき自分の説をだしている。

向山より六町ばかり北北東にあるミサンザイとよぶ古墳（行燈山古墳）について、「この陵を景行天皇の陵に充たる説あれど、今この陵のあり所をみるに、地形他よりいと高くて、岡ノ方ともいひつべければ、崇神天皇の山辺道勾岡上陵ならんとぞおもはれたる」と述べている。さらに『延喜式』の「諸陵寮」の項の衾田墓《ふすまだのはか》の記載「手白香皇女。大和国山辺郡にあり。兆域東西二町。南北二町。守戸なし。山辺道勾岡陵戸に兼守せしむ」の注記の最後の個所に留意して、行燈山古墳の崇神陵説を補強している。

衾田墓とは、新王朝の始祖ヲホド王（継体天皇）がヤマト政権との関係を強めてから、中王朝の血脈をひく手白香《たしらか》（手白髪）皇女を皇后にした（『紀』）。手白香は仁賢《にんけん》天皇の皇女である。手白香皇后を葬ったとする伝承がある墓には守戸をおかず、近い距離にあったとみられる山辺道勾岡陵の陵戸に兼守させたのであった。この記事によって谷森は行燈山古墳を崇神陵とする考えに自信をもったのである。

衾田墓は今日では行燈山古墳の北北東にあって、より高所にある西殿塚古墳に治定されている。行燈山古墳と渋谷向山古墳が丘尾を切断して前方後円墳のうちの後円部にしているのにたいして、西殿塚古墳は丘尾を切断し古墳の長軸をおくという違いがある。西殿塚古墳は使用している埴輪からみて、行燈山古墳や渋谷向山古墳よりも年代が遡る前方後円墳であることは確実である。箸墓古墳との年代の先後関係はまだ不明だが、奈良盆地で築かれた巨大な前方後円墳のなかでは最古級であって、六世紀代の手白香皇后の墓ではない。

古い前方後円墳を手白香皇后の墓に再利用したとする見方もあるだろうが、そうではなく現在は西殿塚古墳に近い西山塚古墳を当てる見方が有力である。西山塚古墳は周濠をもった

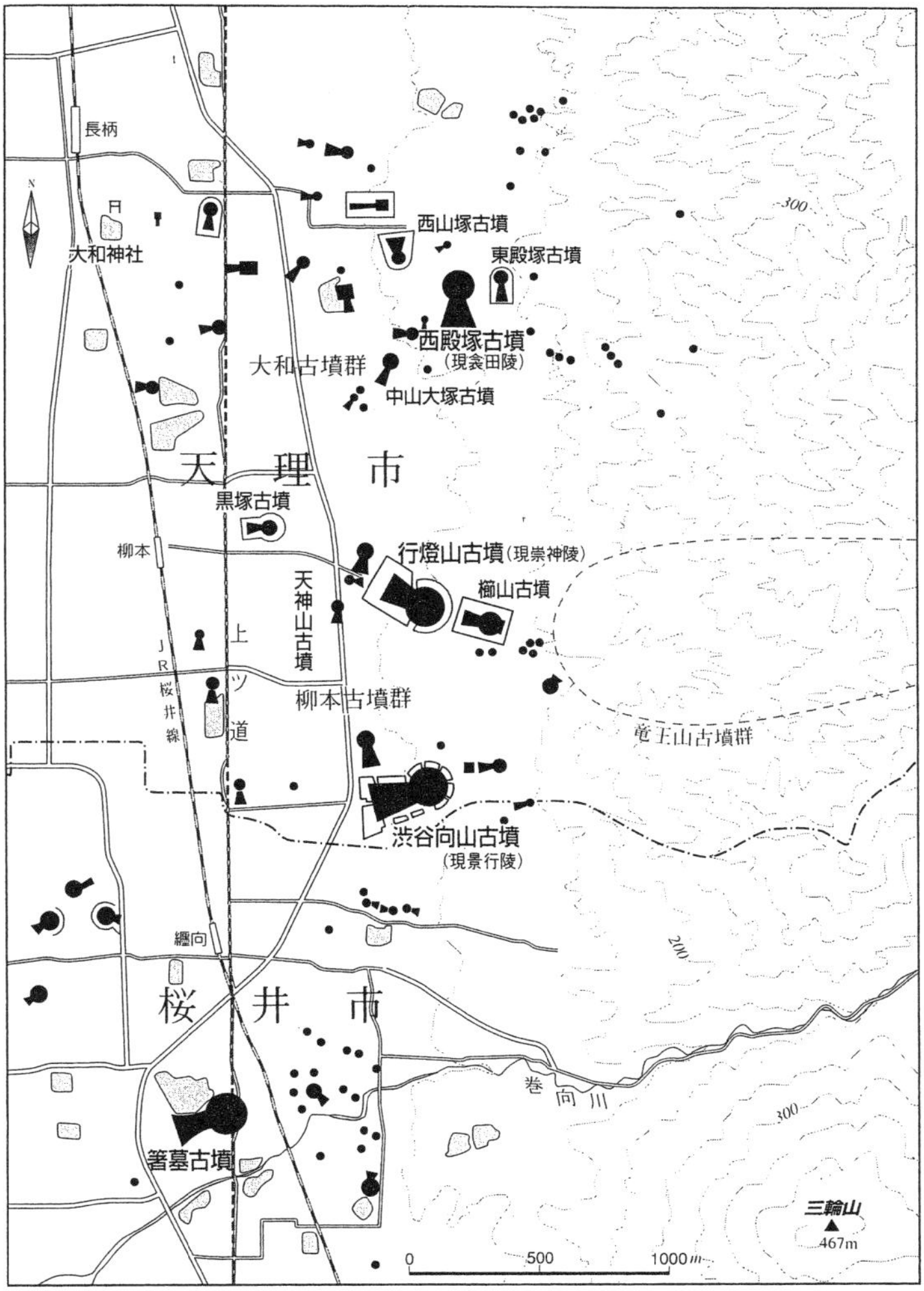

三輪山山麓から大和古墳群にかけての古墳分布図（白石太一郎「巨大古墳の造営」『古代を考える　古墳』1989などをもとに作成。古墳分布図は同）

図８　山辺の主要古墳

前方後円墳で、後期初頭の築造であろう。

谷森が『延喜式』の記載によって、行燈山古墳崇神陵説をだしたことは卓見であるし、ぼくもそのように考えた時もあった。

西殿塚古墳の墳丘の部分は宮内庁が管理しているが、墳丘の裾とか堀(今は水はない)の部分は民有地で古墳の保護に不安があった。そのため一九九三年とその翌年に天理市教育委員会が学術調査をおこない、埴輪を含め多くの事実が明らかとなった。

明治時代の地理学者の吉田東伍《とうご》が著した『大日本地名辞典』は不朽の作品である。第二巻は上方《かみがた》をまとめたものだが、「山辺郡」のなかでの「衾田墓」の項で、崇神陵の「撰定には疑なきにあらず、衾田墓附近の地に求むべし」と述べている。この文中の附近はないほうがすっきりする。この文章は明治三十三年に書かれたものである。つまり今から百十年も前、その頃は古墳の編年などは未発達だったが、そのなかですでに西殿塚古墳を崇神陵ではないかとする考えをもった吉田東伍には敬服するほかない。

吉田説に導かれながら考えてみると、『延喜式』で衾田墓の管理を崇神陵としての山辺道勾田上陵の陵戸が兼守していたことは、両古墳の距離が近かったことによるとみるより、古くは衾田墓(西殿塚古墳)が崇神陵にされたことがあって、陵戸がおかれていた名残ではないかと考えるようになった。

記紀が編述されたころには、行燈山古墳を崇神陵にし、西殿塚古墳を手白香皇后の墓とするような変更があったことも充分考えられる。『延喜式』記載の陵墓の所在地リストは、必ずしも古墳時代からの伝承をうけついだのではなく、新しく整えられた古代の天皇観に対応させた陵墓のリストだった疑がある。

溜池としての濠への改変

柳本藩は農業用の水不足に長年困っていた。そこへ行燈山古墳の工事の話が伝えられてきたので、水不足を解決する絶好の機会とみた。つまり嶋池とよんだ前方部正面の濠を大拡張し貯水量を増やそうとした。

工事を担当した宇都宮藩士もそのことは分ってはいたけれども、土地の農民の協力なしには修陵工事は進められないので妥協した。

行燈山古墳の工事は元治元年秋から始り翌年の慶応《けいおう》元年四月に完成した。幕府も山陵を荘厳にするという目的は達したし、柳本藩や領内の農民は長年の水不足を解消できたのである。このようなことは他の天皇陵古墳でもおこなわれていて、とくに濠の現形を原形と速断してはいけない。このことは銘記しておいてよかろう。これは後に述べる多くの天皇陵古墳にもいえることである。

図９　文久の修陵で周濠が拡張された行燈山古墳（銅板は前方部側の濠出土か）

慶応元年四月二十一日に、前方部の濠外に設けられた拝所前で竣工式がおこなわれた。拝所とは新たに鳥居が建てられたところである。山陵方からは領内の人足にたいして酒一石とウルメ肴千八百枚、柳本村からは餅一石を出して祝った。神楽太鼓も出て、近在から九千の参拝者があったという。

「文久の修陵図」の荒蕪図は、行燈山古墳を南側から俯瞰している。つまり前方後円墳の南の側面を描いている。前方部の正面には小嶋の浮かぶ濠はあるけれども、水深は浅そうで西側には堤のような高まりはない。

周濠は、絵にあらわれている範囲では堤状の畦道《あぜみち》で仕切られて七段になっている。中期古墳のように同一水面で墳丘を繞《めぐ》る周濠ではなく、段々になった小面積の濠が連続して結果的には周濠になっている。段々形周濠とでもいっておこう。

工事が終ったあとの成功図は、西方から前方後円墳を描いていて、くびれ部から前方部は濠の外側に高い堤を築き、南側からみると後円部に高い仕切の堤をもうけた二段の周濠（北側は三段）にしている。

このようにして行燈山古墳の工事は終わり、先に述べたように行燈山古墳を崇神陵、渋谷向山古墳が景行陵となる入れ替えがおこなわれ今日に至っている。以上の工事の進捗については、秋永氏の「崇神天皇御陵改修工事関係の資料」を参考にした。

改修工事中に出土したという直径四四センチの内行花文《ないこうかもん》を鋳出した銅板（縦五四センチ、横七一センチ、厚さ一センチ）の拓本が伝えられている。類例のない遺物だが、文様は行燈山古墳の時期に流行した内行花文鏡と関係がありそうである。

内行花文鏡は、九州の伊都国の弥生時代の王墓でみると、この地域での最後の王墓とみられる平原古墓の鏡群のなかに日本製の大型の内行花文鏡がある。弥生後期末ぐらいの年代である。内行花文鏡は近畿地方では前期古墳から出土し、行燈山古墳の陪墳の位置にある天神山古墳（イザナキ神社古墳）の木櫃にも四面の内行花文鏡があった。ではこの厚手の銅板は行燈山古墳のどこから出土したのだろうか。

文久の修陵では、行燈山古墳の後円部の埋葬個所を掘った形跡はない。このときの工事で大がかりな掘削がおこなわれたのは周濠部分、とくにくびれ部から前方部にかけての濠だった。

濠のなかは、墳丘から落下した埴輪の破片があるぐらいと長らく信じられていた。そのため濠の泥をさらえるのに、調査をしないでブルドーザーを使って掘り下げられたこともある。史跡の堺市の黒姫山古墳の例がそうである。

黒姫山古墳の場合、工事直後に現地へかけつけると、平らにならされた濠底には無数といってよいほどの須恵器の壺の破片が散乱していて、この暴挙に激しい憤りをおぼえた。堺市に合併される前の美原町（もと黒山村）のことであり、その目撃の様子は発表したことがある（「黒姫山古墳の整備工事をめぐって」『古代学研究』八〇号）。

そののち、まず大阪府藤井寺市の津堂城山古墳の濠のなかに、低い島状部分のあることが見つかりそこに三個の水鳥の埴輪がかためて置いてあった。濠の水によって島状部分は水没し水鳥が浮かんだようになる。この古墳は後円部の一部が陵墓参考地になっていて、後でふれることがあろう。

数年前に、墳丘の美しい前方後円墳として名高い奈良県広陵町の巣山古墳（史跡）の濠の底で出島状の部分（写真のA地点）が見つかり水鳥の埴輪があった。さらに大きな木組みが埋まっているのが見つかり（写真のB地点）、どうやらこの古墳の葬儀にさいして遺骸を運ぶために使った一種のフネ（船）と殯《もがり》で使った棺と推定されるようになった。葬儀の終ったあと無造作に濠に投げこんだのか、意図的に濠の中に遺棄したかのどちらかであろう。

　このように長らく水をたたえるだけの施設と思いこまれていた濠も、何らかの工事をするさいには発掘調査が必要だということになった。学問は日々前進する。文化財行政はこのような変化におくれないようにする必要がある。

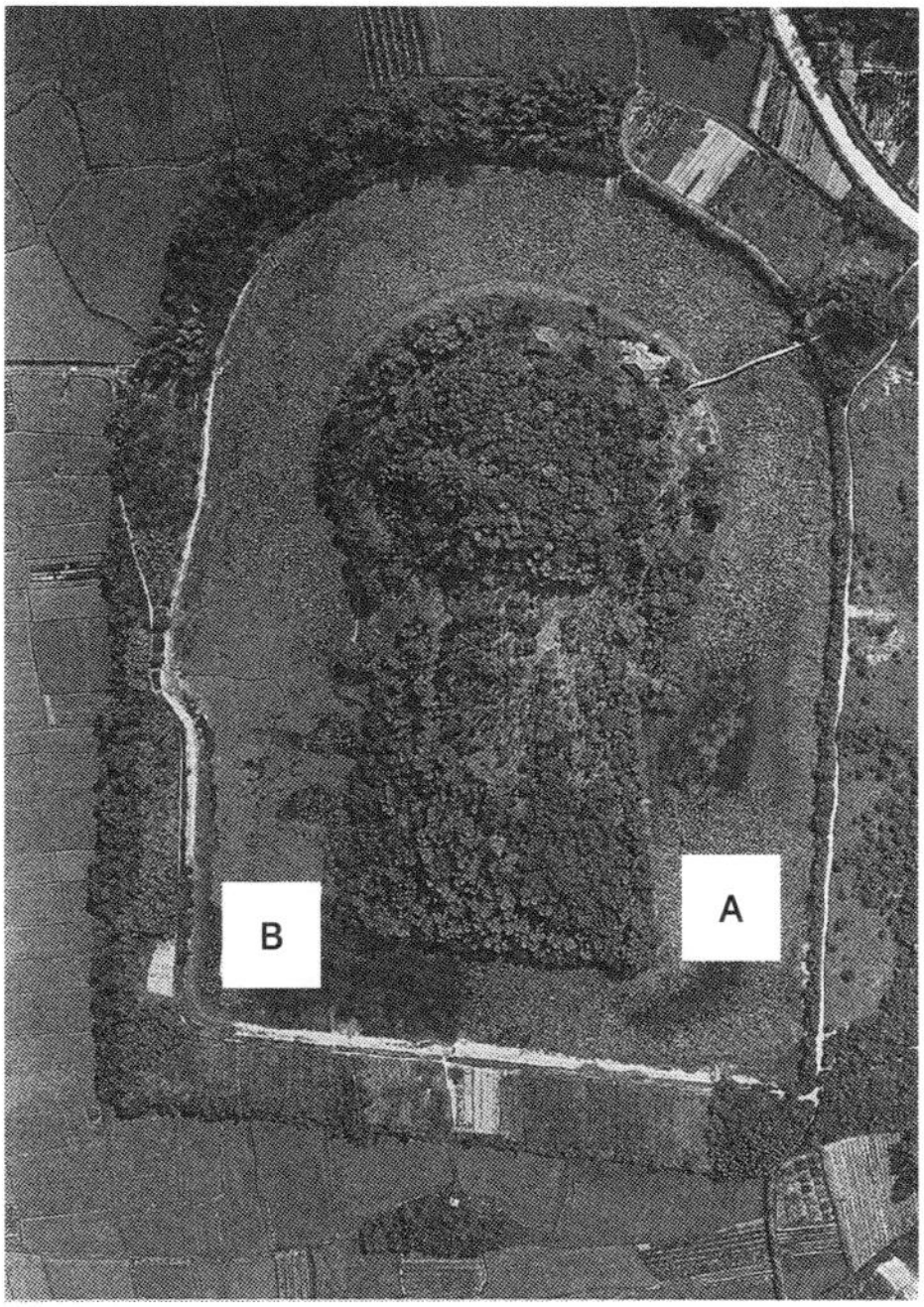

図10　巣山古墳（1963年９月撮影、濠内の遺構の略地点をA、Bで示す）

　濠についての以上のような新事実を参考にすると、行燈山古墳の文久の修陵にさいして出土したとされてきた内行花文を表わした厚手の銅板は、行燈山古墳の濠内に遺棄されていた葬送関連の木製葬具の飾りではないかと考えられるようになった。おそらく木製の装置の表面に張られていた銅板であろう。

垂仁陵の位置は錯誤か

崇神天皇の第三子がイクメ入彦、つまり垂仁《すいにん》天皇である。父の崇神天皇の瑞籬宮《みずがきのみや》に近い纏《まき》向《むく》の珠城宮《たまきのみや》を都とした。『記』では師木の玉垣宮にしている。

記紀の伝承では、崇神天皇と垂仁天皇の都はともに磯城にあったし、さらに垂仁天皇の子の大足彦《おおたらしひこ》（景行天皇）の都も纏向の日代宮《ひしろのみや》にあった。二〇〇九年に桜井市の纏向遺跡内で王の居館ともみられる建物遺構が見つかった。これは崇神天皇から三代の大王の都のどれかに該当している可能性が高い。

ここで第一の疑問がわいてくる。初期ヤマト政権の三代の都は、以上みたように記紀の伝承では奈良盆地の南東部、つまり古代の磯城郡内にあったとみてよかろう。この地には『和名抄』にいう大和《おおやまと》郷がある。発音はオオヤマトで倭とも大倭とも表記することがある。

ところが記紀伝承での三天皇の陵所在地をみると、崇神天皇の陵は『記』では「山辺道勾岡上」とあるし『紀』では「山辺道上陵」とある。ところが垂仁天皇の陵は『記』では「狭木の寺間陵」で『紀』では「菅原伏見陵」にしている。景行天皇の陵は『記』では「山辺の道上」、『紀』では「山辺道上陵」とあって、垂仁陵だけが奈良盆地の北部にあると記されている。

このように記紀の伝承では、初期ヤマト政権三代の大王の都は磯城（師木）郡内にあり、御陵も崇神天皇と景行天皇は磯城郡内だった。これにたいしてイクメ入彦（垂仁）の陵だけは、磯城郡内にはなく、奈良盆地北部の添郡《そふのこおり》にあったとしていて奇異に感じる。添の地域名は二字表記では層富とも曾布とも書き、さらに時代が下ると添上と添下の二郡になる。ではどうして垂仁天皇陵が添の地にあるのだろうか。それとも垂仁陵も最初は磯城にあった可能性はないのか。以下このことを検討しよう。

野見宿禰と添の地域の役割

添下郡には菅原郷がある。古墳造りを代々の職業とする土師氏の本貫の地で、土師氏の氏寺としての菅原寺がある。すでにふれたように八世紀後半に土師氏がそれぞれの居住地の地名をとって菅原氏や秋篠氏になる。いうまでもなく土師氏の末裔《まつえい》の一つが菅原氏であり、土師氏の遠祖は出雲から都へ出たとする伝承のある野見宿禰《のみのすくね》である。

垂仁天皇の二八年のこととする記事のなかで『紀』には野見宿禰が登場する。垂仁天皇の最初の皇后は奈良北部の豪族の出とみられる狭穂姫《さほひめ》だった。天皇は狭穂姫を愛していたが、こともあろうに兄の狭穂王が謀反を計画したとき、狭穂姫は天皇を見限って狭穂王がこもる稲城《いなき》に入ってしまった。天皇はそれでも妻を見捨てがたく、さまざまの手をつくして取り戻そうとしたが無駄となり、攻撃をうけて炎上する城で命を落とした。

狭穂姫の物語は『紀』の伝承のなかでは、心が打たれる悲劇である。この話は『記』にもでていて、そのほうがより具体的に述べられている。前に『記紀の考古学』の「イクメイリ彦の諸問題」の項で詳しく書いた。

狭穂彦と狭穂姫は『記』の伝承によると日子坐《ひこいます》（彦坐）王の子とある。日子坐王はまだ解明されていないが、この二人は奈良県北部を根拠地としながら丹波にも勢力を及ぼした豪族として記紀では描いている。『記』と『紀』の伝承では日子坐王の子が沙本（狭穂）毘古（彦）王で、その子孫として日下部連《くさかべのむらじ》と甲斐国造《かいのくにみやつこ》をあげている。日下部氏からは丹後の海から異国へ亀の背にのって渡り仙人衆を見たとする浦島子（太郎）が出ている。

野見宿禰の埴輪伝承

イクメ入彦は愛する皇后狭穂姫を失った。狭穂姫の兄の狭穂彦はすでに述べたように奈良盆地の北部に勢力をふるった皇族からでた豪族である。佐保は今日も佐保川に佐保の地名をのこしているし、『延喜式』では聖武《しょうむ》天皇陵を「佐保山南陵」としているから、添上郡内の地域名であることは確実である。

このような記紀の伝承によると、初期のヤマト政権の地盤は奈良盆地の南東部にあったが、イクメ入彦のときに奈良盆地の北部に婚姻関係を結ぶことによって進出しようとしたのであろう。

奈良市の若草山の山頂に墳丘一〇三メートルの前方後円墳があって、盆地を見下ろせる。逆にいえば添の地域からも眺められるという立地条件の古墳なのである。山頂の高まりを利用して前方後円墳にしていて、前期の古墳と推定される。

この古墳の後円部の頂には、鶯陵の碑が立っている。鶯陵は清少納言《せいしょうなごん》の『枕草子《まくらのそうし》』の一九段に「みささぎはうぐひすのみささぎ」とあるみささぎ（古墳）に該当すると考えられている。

狭穂姫は戦で命を落としたとはいえイクメ入彦がこよなく愛していたのだから、死後に故郷の山頂に墓を築いたことがあってもおかしくはない。

イクメ入彦は狭穂姫を失ったあと、野見宿禰と当麻蹶速《たいまのくえはや》とに捔力（相撲）をとらせ、出雲の人である野見宿禰が勝った。狭穂姫の死のすぐあとに相撲のことが語られているのは、狭穂姫ら命を失った者への鎮魂の行為だったとぼくはみている（以上は『紀』）。

古墳に並べる埴輪のなかに相撲をとっている姿の力士像があることも、古墳時代に相撲をおこなうことによる「鎮」の行為があったことを物語っている。

イクメ入彦は、そのあと皇后・狭穂姫の遺言によって丹波から五人の女を喚《め》して、そのうちのヒバス（日葉酢）姫を皇后とした。これらの女性は日子坐王の子の丹波道主王《たんばのみちぬしのおう》の娘である。丹波とはいえ八世紀になると丹後として分けられた土地の出身だった。ヒバス姫の子がオオタラシ彦、つまり景行天皇である。なお丹後の考古学からみた生産力の高さや海外との交流上での拠点だったことなどは、『京都の歴史を足元からさぐる』の「丹後・丹波・乙訓の巻」を参考にしてほしい。

皇后ヒバス姫が死んだとき、イクメ入彦は群臣たちに葬儀のことで意見を聞いた。というのはこの少し前にイクメ入彦の弟の倭彦《やまとひこ》が死に、身狭の桃花鳥坂《つきさか》に葬った。この時、古風によって多くの近習を生きながら殉葬させた。その悲惨さが問題になったという。

そのとき野見宿禰が〝君主の陵墓に生きた人を埋めるのはよくない〟といって代案をだした。それによって出雲国から土部《はにしべ》（土師部）百人を喚《め》してきて、「自ら土部たちを領《つか》って埴《はにつち》で人・馬・種々の物の形を造作って」天皇に献《たてまつ》り次のように述べた。「今よりのち、この土物《はにもの》を以って生きたる人に易《か》えて陵墓に樹てよう。（このことを）後葉（世）の法則としよう」と進言した。

このように多くの出雲人がヤマトに移ってきたとみられるが、そのころの出雲人の拠点が纏向に近いのちの出雲荘の可能性が強い。出雲荘は中世の荘園ではあるが、その伝統の古さは『紀』の仁徳天皇の即位前紀にも語られている。さらに箸墓古墳についても「ハジ墓」つまり土師墓ではなかったかとする万葉学者の土橋寛氏の指摘があって、注目に値する。

このようにしてヒバス姫の墓には土物を立て、それを埴輪というようになった。イクメ入彦は野見宿禰の功をたたえ、「鍛地《かたしどころ》」を与えた。ここでいう鍛地とは、鉄を鍛える土地ではなく、埴輪を焼成するためにこしらえた大規模な窯《かま》をいっているのであろう。これらの窯では高熱を出したので、鍛地といったのであろう。

このように土部を管轄するようになったのが土師連である。埴輪を作っただけでなく、前方後円墳などの墳丘の造営にも従事したとみられている。古墳の造営だけでなく土師連は代々の天皇の葬送を担当するようになった。野見宿禰は土師連の始祖なのである。

以上、『紀』の埴輪の起源説話を略述した。注意してよいのはこれは円筒埴輪の起源説話ではなく、人や馬などの考古学でいう人物埴輪や形象埴輪についての起源説である。

周知のように円筒埴輪は、吉備で発達した弥生土器の器台から出発した葬具である。古墳時代前期になると近畿の大古墳でも器台を簡略化した形としての円筒埴輪を用いるようになって、普遍的に使われるようになった。

古墳時代前期にも土製や石製の小型の人形《ひとがた》を墓に置いて（撒き散らして）使うことは稀にはあったが、これらの人形は文字通りの「人形」つまり人の形だけを造形したものであった。

写実的な人物埴輪として製作しそれを古墳に樹てるようになるのは大山《だいせん》古墳のような中期古墳になってからである。この時期になると馬形埴輪もあらわれ始める。

このように野見宿禰の埴輪伝承とは、人物埴輪や馬形埴輪について述べたもので、それ以前からある円筒埴輪をいったものではない。先にも述べたように円筒埴輪とは弥生時代の器台から出発し葬具として大型化された土製品である。器台は本来、住居の内部で壺形土器を置くための道具だった。だから前期古墳では器台から変化した円筒埴輪とともに、壺形土器の上半分を造形したとみられる壺形埴輪が伴うこともある。これの便化した形を朝顔形埴輪とよんでいる。

ヤマトの添下郡の菅原郷は土師連家（天武天皇の十三年に宿禰の姓となる）の根拠地の一つであり、円筒埴輪などを焼成した古墳時代後期の窯址群も発掘され、その一部が埴輪公園になっている。土師連家の氏寺であった菅原寺（喜光寺）は今も立派な伽藍《がらん》がある。この地は奈良時代には平城京域の一部であったので、政権とのかかわりも強かった。『紀』に先ほど述べたように土師連の祖の野見宿禰の功績が記されているのは、おそらく菅原の土師氏が家記を提出しそれが『紀』に収録されたためとみられる。

奈良時代も終りに近い天応《てんおう》元年（七八一）六月に、遠江の国司をしていた土師宿禰古人《ふるひと》や土師宿禰道長《みちなが》ら十五人は次のように訴えてきた。要点を述べる。

〝土師の先祖は天穂日命《あまのほひのみこと》より出ている。その十四世のちに野見宿禰がいた。垂仁天皇の御世で、古くからの仕来りが強く葬礼に節がなかった。凶事（人が死ぬこと）がある毎《ごと》に生きた人を殉死させて埋めていた。時に皇后（ヒバス姫）が亡くなり殯《もがり》をしていたとき、天皇は群臣たちに葬礼のことについて意見を聞いた。群臣のなかには倭彦王子の故事（人を殉死させる風習）がよいという者もいた。そのとき自分たちの遠祖の野見宿禰が進み出て次のような発言をした。殉埋《じゅんまい》の礼は仁政とはいえない。国を益し人を利するものではない〟。

以上のように述べ、土部（土師部）三百余人を率いて埴（埴土のこと）を取りさまざまの形を作って進上した。天皇はたいへん悦び、今までの「殉人」にかえて埴輪というようになった。これが「立物」である。

このような祖業では吉凶相半ばしていたが、（古墳の造営が下火になるにつれ）凶儀だけが仕事のようになった。そこで居地の名にちなんで、土師を改めて姓を菅原としたい。この願は許され菅原氏の誕生となった。因みに以上の請願の起草者である土師宿禰古人とは、菅原道真の曾祖父である。

古人らの改姓のあとの延暦《えんりゃく》元年五月に、平城京の北西にいた土師宿禰安人《やすひと》も遠祖野見宿禰の功績を述べ居住地の名によって秋篠とすることを願いでて許された。秋篠の土師氏は、大和の地域内だけでなく山城南部にも勢力をのばし、京阪奈丘陵の北部の山城の相楽《さからか》《そうらく》郡内で埴

図11　空から見た宝来山古墳（1963年撮影）

輪作りをおこなっていた形跡がある。

宝来山古墳は垂仁陵か

近鉄電車で京都から橿原神宮へと向かうとき、尼辻駅の西方で周濠に水をたたえた前方後円墳が視野にとびこんでくる。これが宝来（蓬萊）山古墳で宮内庁では『延喜式』での用語にしたがって「菅原伏見東陵」として垂仁陵に治定している。墳長二二七メートルの巨大古墳である。しかもこの濠は行燈山古墳や渋谷向山古墳のように、仕切りの堤によって水面に高さの違いのある濠ではなく、同一水面の濠で墳丘を繞っている文字通りの周濠である。周濠とはいえ、墳丘のくびれ部に対応する個所では内側に入りこんでいて、考古学で鍵穴形周濠とよぶ形になっている。

「文久の山陵図」の「荒蕪図」では左右に均整のとれた周濠が描かれているが、「成功図」では前方部正面の濠外に鳥居のたつ拝所が設けられ、さらに濠の南東部が意図的に拡張されている。

宝来山古墳は年代を決める資料は乏しく、垂仁陵として妥当か否かの決定はむずかしい。しかし垂仁天皇の都が纏向にあったとする古伝と行燈山古墳や渋谷向山にくらべると古墳造営が整備されより完成された姿であることなどから考え、ぼくは本来の垂仁陵も山辺の地にあったとみて、行燈山古墳を垂仁陵にあて、崇神陵を西殿塚古墳にすることも一案かとみて前に『記紀の考古学』（朝日文庫）で述べたことがある。しかしまだ考えが煮詰まっていたわけではなかった。

江戸時代には宝来山古墳を武烈《ぶれつ》陵にしたり（山川正宣の『山陵考略』）天武天皇の皇子の新《にい》田部《たべ》親王の墓とする説（「和州旧跡幽考」）もあって、垂仁陵説だけの伝承ではなかったのである。

『紀』によれば、垂仁天皇は纏向宮で亡くなった。百四十歳だったと伝えられている。実際に百四十歳だったかどうかはともかく、長寿の人だったらしい。『紀』ではこの天皇を倜儻《てきとう》大度《だいど》の人としている。何事にも毅然たる態度でのぞみ、それに度量が大きかった。

垂仁天皇は死の九年前に、田道間守《たじまもり》を常世国に遣わし非時《ときじく》の香果を求めさせた。神仙思想の妙薬であろう。香果は「箇俱能未《かくのみ》」といって「橘《たちばな》は果子の長上なり」といわれている（天平八年十一月丙戌の条『続日本紀』）。

宝来山古墳の東側の濠に田道守の墓との説のある小島がある。しかしこれは文久の修陵で出来たものであって、古くからの存在ではなさそうである。

田道間守は日本海に臨んだ但馬の豪族の意味だろう。丹波を旦波、但馬を旦馬と書くことがあって、ぼくは律令制の前の古墳時代に「旦」とよばれる広大な地域があったと推測している。後の丹波、丹後、但馬の三国である。

旦の地域は、伝承上では新羅《しらぎ》の天日槍《あめのひぼこ》のような渡来人とのかかわりの深い土地であるし、考古学的にいっても朝鮮半島南部（伽耶）に多い竪穴系横口式石室を採用している古墳も少なくない。

丹後の与謝《よさ》郡管（筒）川の漁民である浦島子のように、海亀の助けによって蓬萊山に行って仙衆（仙人たち）を見てきた話（『紀』の「雄略二十二年条」や『丹後国風土記』）も記録されている。つまり旦の地域は異国の文物や文化が入りやすかったのである。

垂仁天皇は先に述べたように丹波（ここでは後の丹後を指す）の皇族出自の豪族・道主王の娘たちを娶《めと》り、そのうちの日葉酢姫を皇后にした。

道主王は垂仁天皇に仕えヤマト政権で中核的な役割をになった大夫であるとともに、四道将軍の一人として旦の地域を掌握し海上交通と陸上交通の拠点をおさえていたようである。田道間守の常世国（蓬萊山）への派遣も史実であったのであれば道主王が差配したのであろう。

田道間守が持ち帰った香果なる物は、柑橘類だったとみられる。和銅《わどう》元年（七〇八）十一月、宮中で宴がおこなわれたとき、元明天皇は「杯に浮かべた橘を賜い、橘は菓子の長上にして人の好む所」と述べ、葛城《かずらき》王の母・県犬養三千《あがたいぬかいのみち》代《よ》に橘の姓をさずけた。

橘氏は皇室の外戚として奈良時代の政界に重きをなした。天平《てんぴょう》八年（七三六）十一月十一日に葛城王と弟の佐為《さい》王らが表をだし、和銅元年の故事をも引いて橘の氏名を賜わることを願い出て許されている。

『萬葉集』の巻第六に天平八年の葛城王らの上表をうけて聖武天皇が詠んだ歌一首がおさめられている（一〇〇九）。まず前詞を見よう。

「冬十一月、左大辨葛城王らに姓橘氏を賜いし時の御製歌一首」そのあとに歌がある。

　橘は　実さえ　花さえ　その葉さえ
　枝《え》に霜降れど　いや常葉《とこは》の樹《き》（左註は省く）

テンポのよい歌である。聖武天皇の作とも太上天皇（元正天皇）の作とも伝えられている。先ほど元明天皇が、杯に浮かべた橘を賞《め》でたといった。ぼくの想像では、その杯とはガラス器だったようである。須恵器の類の器に皮をむいて一袋ずつにした蜜柑をいれると外からは見えない。透明なガラスの杯に蜜柑をいれると美しく見えたのであろう。

土師氏の四腹と巨大古墳

土師氏は、大きな古墳の造営を代々の仕事として伝習してきた家柄である。古墳造営の一環として埴輪の製作も担当した。各地にのこる埴輪の窯址には土師氏関係が多かったと推測できる。

古墳時代中期以降になると、日常の容器や神祭りに使う容器には、弥生土器の伝統による土師器と、朝鮮半島から伝わった技術によって製作された固い須恵器とが併用されるようになった。論者によっては〝土師器は土師氏によって作られた〟とみている人もいるがぼくは土師氏は埴輪作りを担当したけれども、土師器生産にはそれほど関与しなかったとみている。『和名抄』によると土師郷は畿内のほか上野、下野、丹波、備前、阿波、因幡、筑前、筑後にも見える。以下は畿内の土師郷にしぼって点検しよう。

前にもふれたが奈良時代の終りに近い天応元年（七八一）六月に土師宿禰古人や土師宿禰道長ら十五人が政府に言上してきた。垂仁天皇の世の出来事として野見宿禰の埴輪作りの功績を述べ、居地の名によって氏名を菅原に改めることを願い出て許された。

すでにこれもふれたように菅原の地は垂仁天皇陵に指定されている宝来山古墳に隣りあっている菅原郷であって、『萬葉集』では「須我波良能佐刀」にしている（四四九一）。菅原の里のことである。

土師宿禰古人らの改姓への願いがかなえられると、同じ添下郡にあったもう一つの土師氏の拠点にも動きがあった。秋篠郷である。

秋篠郷の土師氏の長である土師宿禰安人は、菅原郷の土師宿禰古人らが改姓を願い出てそれが許されたとき、安人は大和にいなかったので一緒に改姓を願い出ることはできなかったという。そこで延暦元年（七八二）五月に古人らの願いと同じ趣旨で改姓を願い出て、安人の兄弟六人が秋篠と改姓している。なお安人は文人官僚で『続日本紀』の編纂にも加わっている。

秋篠の地には、妖艶な姿体の伎芸天のあることで名高い秋篠寺がある。また明治時代に四個の銅鐸が出土していて、考古学的にも注目の土地である。

秋篠の東方すぐの地に丘陵先端部を利用した巨大な前方後円墳の五社神《ごさし》古墳があって神功《じんぐう》皇后陵になっている。墳長二七五メートル、水面の高さに段差のある濠がめぐっている。陵墓になっていて年代の割出しは困難であるが、立地条件に重点をおくと行燈山古墳と同じか、若干それより下った前期末の築造であろう。

大阪府に目を転じよう。和泉国（古墳時代は河内国）には大島郡に土師郷があって、すでに述べたように巨大な前方後円墳として土師ニサンザイ古墳がある。この古墳は古墳時代中期後半の築造とみられ、倭王珍である反正天皇の陵に江戸時代には比定されたこともある。

土師の集落は土師ニサンザイ古墳の周濠の外側で古墳にくっつくようにしてある。さらに土師集落内には奈良時代の瓦を出す地点があって、和泉の土師寺跡とよんでいる。この寺跡を「観音寺」とよんだことをおぼえている村人が昭和二十年代にはまだいた。創建時以来の寺名とみてよかろう。

和泉の土師郷出身と考えられるのが土師宿禰眞妹《まいも》である。平安遷都をやりとげた桓武《かんむ》天皇の父は光仁《こうにん》天皇で、その夫人が高野新笠《たかののにいかさ》である。

高野新笠の父は百済《くだら》の武寧《ぶねい》王の後裔《こうえい》の和《やまと》乙継で、母が土師宿禰眞妹だった。

桓武天皇は母の高野新笠を大切に扱い、さらに新笠の母の土師宿禰眞妹を敬愛していた節がある。高野新笠は延暦八年十一月に死んだ。このころは母方の姓が改められ、大枝《おおえ》朝臣眞妹となり位も正一位になっていた。

新笠が亡くなった翌年の延暦九年十二月には菅原宿禰道長と秋篠宿禰安人は朝臣となっている。この改姓にさいしての説明のなかに注目すべき文言がある。

「土師氏に四腹あり。中宮の母家は是れ毛受腹《もずばら》なり。故に毛受腹には大枝朝臣を賜う。自余の三腹は或は秋篠朝臣に従い、或は菅原朝臣に属せり」。

平城京から長岡京、さらに平安京へと都が遷されるに従い、多くの土師氏も新都に遷った。それでも本貫の地にはなお一部の同族が住み続けたとみられる。

ところで土師氏の四腹には、大和の秋篠氏と菅原氏、それと和泉の土師氏がある。あとの一腹はどこの土師氏だったのだろう。

のこりの一腹をぼくは河内の志紀郡の土師郷にいた集団とみる。この地には今日も道明寺天満宮（土師神社）の境内に寺の礎石がのこっていて、ここが河内の土師氏の氏寺とみられる。今日も道明寺の名の寺があるのは、もとの土師寺の一子院がのこったのであろう。

志紀郡の土師の至近の地には、巨大な前方後円墳の仲津山古墳がある。宮内庁はこの古墳を応神天皇皇后の仲姫《なかつひめ》の陵にしている。墳長は二八六メートルあって、古市古墳群のなかでは二番めの規模である。やや幅の狭い周濠がある。年代を決める材料はないが、墳丘には古式の前方後円墳らしい点があって、前期末ないし中期初頭とみられる。仲姫の陵であることを示す積極的な証拠はないが、年代的には仲姫の陵であってもおかしくはない。なお仲姫はオホサザキ尊（仁徳天皇）の母である。

河内の志紀郡の土師氏は、奈良時代になっても氏名を変えようとはしなかった。このように土師氏の伝統を強く保ちつづけたのが河内の志紀郡の土師氏だった。

先年、仲津山古墳の南側にある三ツ塚古墳（終末期の方墳か）の濠から、大きな木製の修羅二個が見つかって話題をよんだ。大小二つの修羅は、使わない時は濠のような水中に沈めて保存していたようである。年代は七世紀ごろで、土師氏が巨石運搬に使ったのであろう。

『和名抄』の河内国の項には、志紀郡に土師郷があるほか、丹比郡にも土師郷がある。丹比郡の土師郷の位置には定説はなく、南河内郡の日置荘村（堺市に合併）のほか、河内松原市上田の反正山《はぜやま》付近とする説がある。

日置荘には埴輪窯址らしい遺跡もあるが、この地は釣鐘のような鋳物作りで中世に栄えた鋳物師の村だった。

ぼくは河内松原市の反正山（小字名）に注意している。その理由は「ハゼ山」つまり「土師山」とみられる反正山の小字名があるだけでなく、東方至近の地に陵墓参考地の河内大塚古墳がある。周濠を具えた巨大な前方後円墳で、墳長は約三三〇メートル、全国では五番めの規模の古墳である。百舌鳥古墳群と古市古墳群との中間にあって、群を構成することなく造営されている点が特異である。墳丘には円筒埴輪を使った形跡がなく、後円部の頂上にはゴボ石（御廟石か）という大石が露呈している。この石などによって埋葬施設が切石を用いた横穴式石室で、その天井石のように考えられる。古代の所在地は丹比郡だった。

すでに埴輪を使わない時期の大規模な前方後円墳に奈良県の五条野丸山古墳がある。この古墳は後に説明するように、欽明天皇の陵へ約四十年のちになって妃の堅塩姫を合葬したとぼくはみている。このことは堅塩姫の子である推古女帝の決断によって実現した事業かとみている。

河内大塚古墳の被葬者を雄略《ゆうりやく》天皇とみて、その陵である丹比高鷲原陵（『紀』）を考える人がいる（吉田東伍）。しかし丹比高鷲原陵としては、河内大塚古墳の東方約一・一キロにある高鷲丸山古墳（大円墳）がより有力とみていて、河内大塚古墳の被葬者の候補者からは遠のくように考えている。

五条野丸山古墳と河内大塚古墳とは墳丘や周濠がほぼ同規模でしかも古墳の年代も近い。ぼくは五条野丸山古墳を欽明陵、河内大塚古墳は欽明天皇の子の敏達《びだつ》天皇の陵がふさわしいと考える。敏達天皇の広姫《ひろひめ》皇后が死んだあと皇后になったのが前に述べたように炊屋姫で後に推古天皇となった。

図12　空から見た河内大塚古墳（1970年撮影）

敏達天皇が亡くなったあと殯宮を広瀬にたてている（『紀』）。この広瀬を奈良県内に求める人もいるが古市古墳群の南方、石川の左岸の地にある広瀬ではないかとぼくは考えている。敏達天皇の死のあと六年たった崇峻《すしゅん》天皇四年に「譯語田《おさた》天皇を磯長陵に葬る。是れその妣《いろはのきさき》皇后を葬る所なり」（『紀』）とある。つまり敏達天皇の死にさいして自らの陵はまだ用意されてなく、母の石姫《いしひめ》（欽明天皇の皇后）の磯長の陵に追葬したのである。『記』ではただ「御陵は川内の科長にあり」とだけ記している。

　第一章で、推古天皇が死んだあと竹田皇子の墓へ追葬したこと、実際にその事を物語るとみられる奈良県橿原市の植山古墳の様子を見た。つまり既存の古墳を利用しておいて、その間に眞陵の本格的な造営をおこなうことが推古天皇の頃にあったのである。

　敏達天皇の場合も推古天皇の例と同じように既存の石姫皇后の墓へとりあえず追葬しておき、その間に敏達天皇の陵を造営した。その発案者も推古天皇とみられる。それが河内大塚古墳だとぼくは考えるようになった。なお石姫の磯長陵は太子西山古墳にされている。墳長九三メートルで周囲に空堀がめぐる。円筒埴輪を使っている形跡がある。石姫のために造営された古墳とみると敏達天皇が亡くなった年よりも古い。

　このように大型の前方後円墳に接近して土師氏集団のいた形跡がある。いずれも前方後円墳の造営を機としてその地に定住し始めたと考える。

推古天皇は母の堅塩媛を夫の欽明天皇の陵へ改（合）葬するため、陵を大陵に改造した。推古天皇の二十年（六一二）のことである。さらに推古天皇は即位前の夫だった敏達天皇のために、父の欽明天皇の陵に匹敵するような河内大塚古墳を造営したとぼくは考える。それはいつ頃だったのだろうか。それを考える手がかりがある。

河内大塚古墳の東方五〇〇メートルを狭山池を水源とする東除川《ひがしよけがわ》が南から北へと流れている。東除川は古代最大の大池である狭山池の余水を流すための幹線水路である。東除川とは別に狭山池から河内大塚古墳までほぼ一直線の水路の跡がある。

狭山池は長らく記紀の記述によって崇神天皇ないし垂仁天皇の時に造営されたとみるのが学界の定説だった。だが青年のころのぼくは狭山池を含め泉北丘陵の須恵器の踏査にはげんだ。すると狭山池の斜面に六世紀代の須恵器の窯址があるではないか。これを重視すると六世紀後半から七世紀の初めがこの池の造営年代ではないかとする私案を『大阪府史』一巻などで述べつづけた。

一九七〇年から池の堤の大工事がおこなわれ、ついに池の造営時の七〇メートルに及ぶ木樋があらわれた。このごく近くに廃絶した須恵器の窯址があった。池の造営の直前まで操業していたようである。

この木樋はコウヤマキの巨木が使われていて、年輪からこの木が伐採されたのは六一六年

（推古二十四）と分り、その数年のちに狭山池の堤防ができたと推定されるようになった。ここまでは『記紀の考古学』でも書いた。今回さらに考えると、どうして推古天皇の二十年代に河内の丹比郡に大池としての狭山池を造営する必要があったかということである。それは河内大塚古墳の広い周濠へ水を安定的に供給することが主目的だったとみられるのである。従来からも狭山池の水は大山古墳の濠に配水されたとする説はあったが、これは古代に遡るものではなく、近世に灌漑の余水の一部の配水をうけたということのようである。

河内大塚古墳と狭山池の造営がともに推古天皇によっておこなわれたとすることは、この

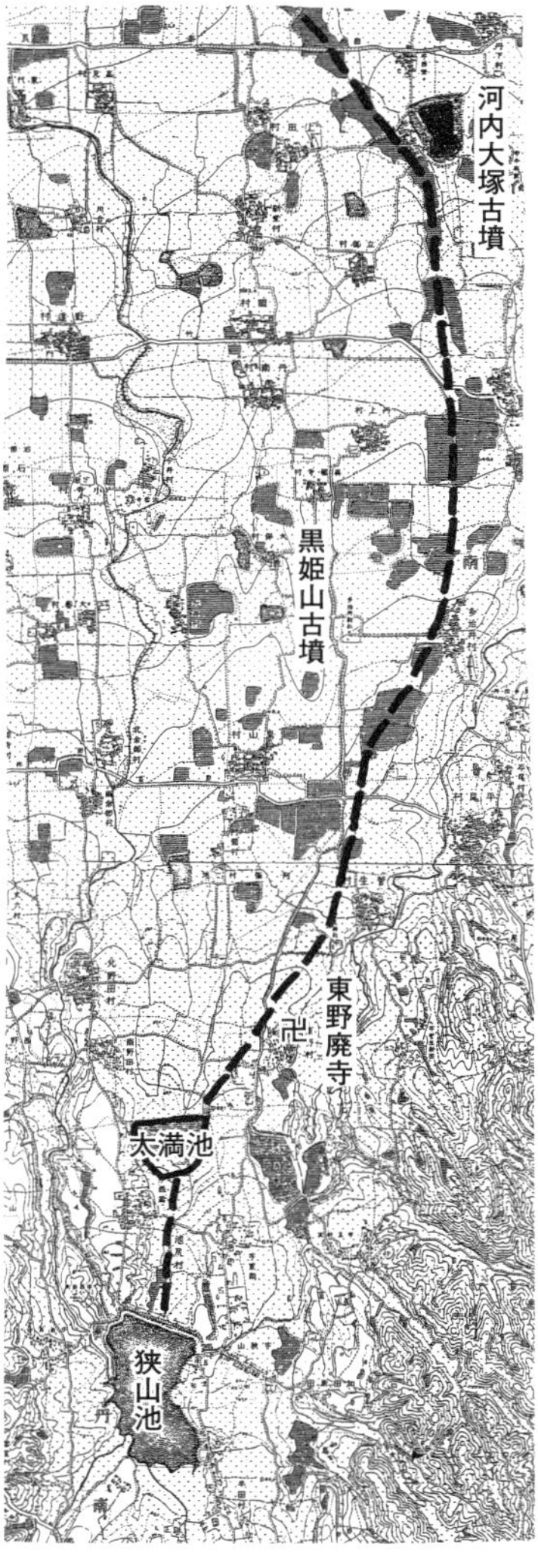

図13　狭山池と河内大塚古墳（中央の点線は想定される水路）

原稿を書いている過程で急に頭に浮かんだのだった。

宝来山古墳は安康陵か

天皇陵古墳を造営したとき、造営に従事した土師氏が濠外至近の地に住みつき、その陵の維持などをおこなったとみられる例を、ヤマトで二つ、河内で二つ、和泉で一つと都合五例をみた。

延暦九年十二月の記事では〝土師氏に四腹あり〟として桓武天皇の母方の家が毛受腹であることが記されていた。おそらく河内国の志紀郡の土師氏と丹比郡の土師氏を一つとみたのであろう。

説明が細かくなったが、もとへ戻して菅原の土師氏が造営にかかわったとみられる宝来山古墳（現・垂仁陵）の被葬者を考えよう。

ぼくは天皇の都の位置を重視する。この点からすれば纏向に都をおいた垂仁天皇の陵が奈良盆地北部にあるのは合点がいかない。それと宝来山古墳は中期古墳であって、垂仁天皇の時代であるはずの前期古墳ではない。

ぼくは允恭天皇の子の安康《あんこう》天皇に注目している。『紀』の記事では安康天皇のことは簡略であって、死後「三年ののち、菅原伏見陵に葬る」とある。『記』では安康天皇が死んだとき「天皇の御年、五十六歳、御陵は伏見の岡にあり」としている。今日、安康陵にされている古墳は宝来山古墳の西方にある。この地は字名が古城《ふるしろ》というように、中世の土豪の居館の跡地であって、前方後円墳ではないとみられている。

安康天皇は、倭の五王のうちの興《こう》に比定されていて、父の倭王済《せい》、つまり允恭天皇の陵が後に述べるように立派な前方後円墳であることから、安康天皇の陵も堂々とした前方後円墳である方が妥当と考える。

七世紀は考古学での終末期古墳の時代である。五〜六世紀のように大規模な古墳の造営はなくなり、土師氏は天皇や皇族の葬儀だけを担当する家柄になった。

このような情勢のもと先祖の功績を奏上し、土師の名を改めて居住地の地名をとって菅原や秋篠にしようとするとき、土師氏の祖の野見宿禰の埴輪の発明をもちだすために垂仁天皇陵が重要となった。ぼくは本来の垂仁陵は、すでに述べたように柳本古墳群中の行燈山古墳ではないかとみる。そうなると崇神陵は西殿塚古墳で、景行陵は今日の渋谷向山古墳でよいように考える。

二つの楯列陵での混乱

承和《じょうわ》十年（八四三）に今日の奈良市にある佐紀古墳群の西群（西地区の支群）で二つの楯列

陵のあいだに被葬者をめぐっての混乱がおこった。そのことを『続日本後紀』が記録している。

佐紀古墳群といえば、八世紀に平城京のあったすぐ北側である。すぐ北側というより佐紀古墳群の一部は平城京の造営にさいして宮内となって取り去られた形跡がある。このことについては後でふれる。

天皇陵の被葬者についての混乱のあった佐紀古墳群西群とは、都から離れた土地での出来事ではなく平城京、しかも天皇や官人たちのいた平城宮の至近の地である。これらの天皇陵の墳丘はいつも天皇や官人たちが眺めたことであろう。

承和十年といえば、平城京が山背の長岡村（長岡京）へ遷ってから五十八年、平安京へ遷ってからでも五十年がたっただけであり、天皇陵についての知識が失われたとは考えにくいのである。以下、『続日本後紀』の記事によって事件を追ってみよう。

承和十年四月に「楯列陵守らが言う〝去る月の十八日の食時《しょくじ》（辰の刻）、山陵二度鳴る。その声雷の如し。赤気（赤色の雲気）は飄風《つむじかぜ》の如し。離（松林苑）を指して飛び去る。申の時にまた鳴る。その気は初の如し。兌《あな》を指して飛び亘《めぐ》る。〟参議正躬《まさみ》王を加検に遣す。陵木の伐られるは七十七株、楉木に至っては計えることができない。陵守長の百済春継《はるつぐ》が勘当（譴責）されて、上奏する」。これが事件の発端である。

朝廷は参議の藤原朝臣助《すけ》と掃部頭《かもんのかみ》の坂上大宿禰正野《まさの》らを使し、楯列北南二山陵に奉謝した。「去る三月十八日に奇異があった。図録を捜検すると二つの楯列山陵があった。北が神功皇后の陵、南が成務《せいむ》天皇の陵であった。（ところが）世人の相伝では南陵を神功皇后の陵にしていた。ひとえに口伝《くでん》によっていた。（そのため）神功皇后の祟があるたびに空しく成務天皇陵に謝った。先年神功皇后の祟によって弓剣の類を作って、誤って成務天皇陵に進《たてまつ》った。今日改めて神功皇后陵に奉った」。

承和十年に混乱をおこした天皇陵の一方が成務陵である。成務天皇は景行天皇の子といわれているが、『記』と『紀』の記事が短く実在性を疑う人も多い。さらに景行天皇の和風諡号が大帯（足）日子であるのにたいして成務天皇が若帯日子《わかたらしひこ》であって、大と若が対比されていて景行天皇の分身として創作された天皇ともみられている。この場合の若いは、年齢のことではなく、未熟さをいったのであろう。

『記』ではこの天皇は近つ淡海の志賀の高穴穂宮で政治をとったとしていて、ヤマト政権の大王としては奇異なことである。とはいえ古代の近江は注目される重要な土地で、しかも志賀の高穴穂宮とは地名を手がかりにすると後の近江宮（大津宮）の場所と重複している可能性が高い。伝承上とはいえ近江宮には前身があったことになる。

このように不安定な存在としての成務天皇であるから、その陵についての伝承にも不正確さがあったのは当然ともいえる。つまり承和十年には楯列陵のうちの北にあるのが成務天皇、南の楯列陵を世人（世間の人）は神功皇后陵としていたのである。ただしこれはあくまでも平安時代前期でのことである。

楯列陵という陵名は『記』では成務天皇の死のあとに「御陵は沙紀の多他那美にあり」とまずでていて、仲哀天皇の死後の記事の分注に「皇后（神功のこと）は御年一百歳にして崩じた。狭紀楯列陵に葬る」とある。多他那美はもちろん楯列の表記である。

『紀』では成務天皇の死のあとに「倭《やまと》国の狭城盾列陵に葬る。盾列、これを多々那美という」とある。さらに神功皇后の死のあとの記事に「狭城盾列陵に葬る。この日に皇太后を追いて尊びて気長足姫尊《おきながたらしひめのみこと》と曰う」とある。

以上見たように『記』も『紀』もともに成務陵と神功皇后陵の名称が狭紀（沙紀、狭城）の楯（盾）列陵とすることで一致している。

狭紀は『和名抄』では大和国の添下郡の佐紀郷で地域の名称、これにたいして楯（盾）列は古墳の平面形が防御用の武具としての楯の形状に似ていることからの命名である。さらに楯列の列の字から立て並べた楯の状景、その立て並べ方も乱雑ではなく横一列に立て並べたようであるとする印象から生まれた表現とみられる。

佐紀古墳群をどうして古代人は楯列とよんだのだろうか。問題は二つある。第一は多数意見といってもよいが、佐紀古墳群を構成する主要古墳全体の分布の在り方から生まれた表現とする見方である。

佐紀古墳群の核となる主要古墳は七基ある。東からウワナベ古墳、コナベ古墳、ヒシアゲ古墳、市庭《いちにわ》古墳、佐紀陵《みささき》山《やま》古墳、佐紀石塚山古墳、五社神《ごさし》古墳である。

このうちウワナベ古墳から市庭古墳が佐紀古墳群の東群である。いずれも五世紀の中期古墳である。ウワナベ古墳とコナベ古墳は陵墓参考地になっていて被葬者候補についての定説はない。ヒシアゲ古墳は仁徳天皇の皇后磐之媛の陵に治定されている。

市庭古墳の現状は大円墳で桓武天皇の子の平城《へいぜい》天皇陵（楊梅陵《やまももりょう》）に治定されている。平城天皇は平安京にいたけれども、旧都の平城京に強く執着したことは名高く、諡号の「平城」がそのことを端的にあらわしている。

ところで考古学ではこの古墳の原形を市庭古墳とよんでいる。それはこの古墳はもと墳長約二五〇メートルの巨大な前方後円墳であった。規模からいえば佐紀古墳群の主要古墳では三番めに大きい。現平城陵は市庭古墳の後円部を利用したと考えられていて大円墳のようになっている。ではいつ前方部が削平（除）されて今日のように後円部だけが残って大円墳に改変されたのだろうか。

和銅二年（七〇九）といえば平城遷都の前年である。平城京の造営の最中であって、その

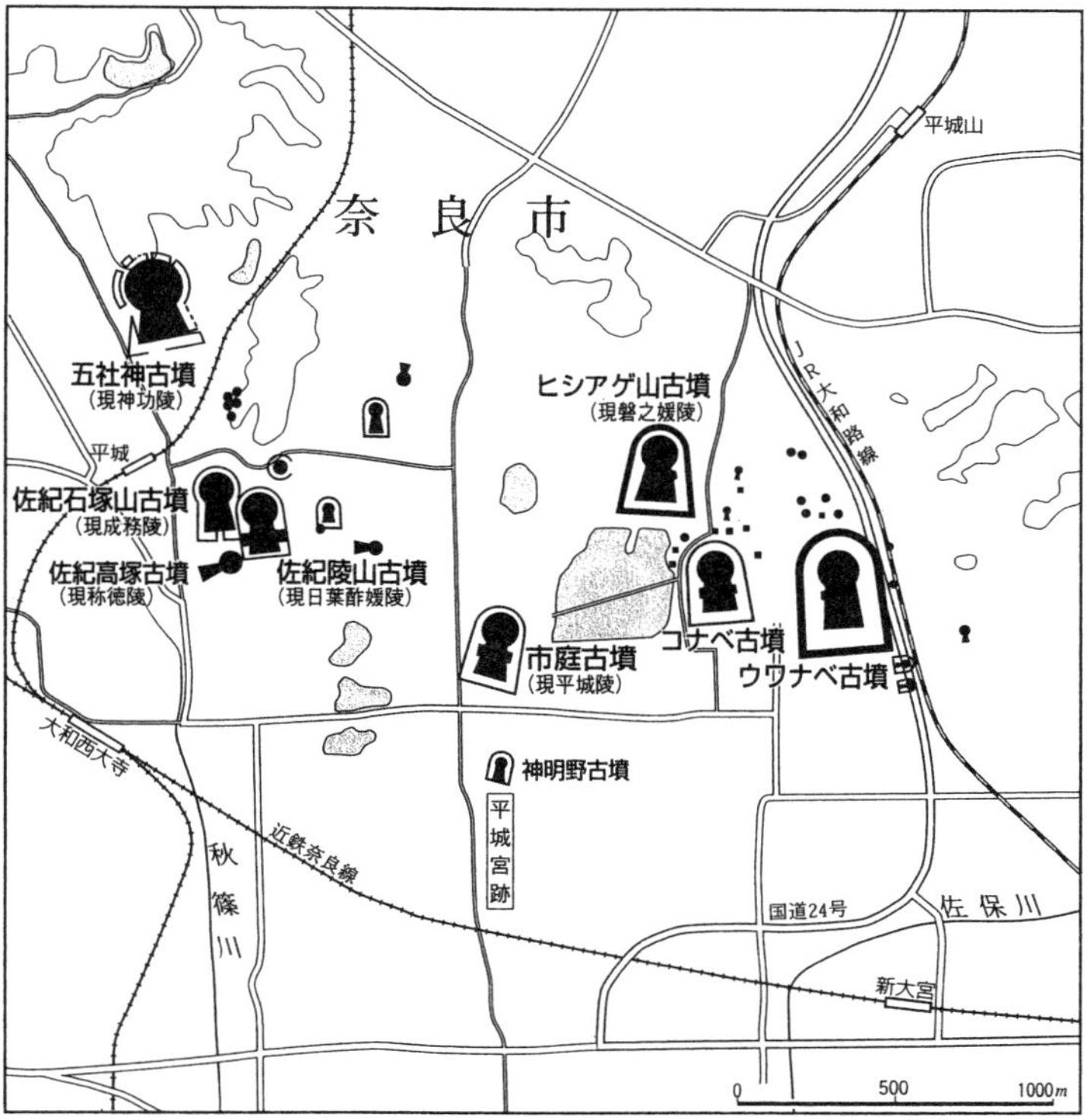

図14　佐紀古墳群分布図

年の十月に造平城京司にたいして次の勅がだされている。

「もし墳隴《ふんろう》（墳丘）の発《あば》き掘られるものがあれば、埋めおさめて露《あら》わして棄ててはいけない。よく祭って幽魂をなぐさめよ」（『続日本紀』）。

この記事は平城京造営にさいして小古墳が削平された記事とみられていた。

戦後の平城宮の調査によって巨大な前方部の基部の輪郭があらわれ、市庭古墳と命名された。このように平城京の造営で破壊されたのは小古墳ではなく、巨大古墳だったことが判明したのである。

余談になるが東大寺の三月堂本尊の不空羂索《ふくうけんじやく》観音像の宝冠には多くの硬玉ヒスイの勾玉《まがたま》が垂下されている。日本列島では新潟県の姫川流域の硬玉のヒスイが縄文時代から勾玉などの玉類に使われていた。ところが奈良時代には越《こし》では勾玉はほとんど作られておらず、三月堂の宝冠の勾玉はどこ産の硬玉を使ったのかが不思議であった。

ぼくに一つの考えが浮ぶようになった。これらの勾玉は平城京造営にさいして破壊された古墳から発掘されたものではないか。破壊された古墳の被葬者の鎮魂をかねて観音像の宝冠に附したものではなかろうか。まだ試案でしかないが書きとめておく。

佐紀古墳群西群の主要古墳は佐紀陵山古墳、佐紀石塚山古墳、五社神古墳の三基である。いずれも天皇陵に治定されている。

佐紀陵山古墳は垂仁天皇の皇后の日葉酢媛陵、佐紀石塚山古墳は成務天皇陵、五社神古墳は神功皇后陵になっている。このうち五社神古墳と、佐紀陵山古墳もしくは佐紀石塚山古墳をめぐって、被葬者の伝承に混乱があったのである。

それら七基の前方後円墳は、いずれも後円部を北、前方部を南にしている。つまり古墳の長軸を南北においていて、あたかも楯を同じ方向にそろえて横たえたように見える。日本文化史の林屋辰三郎氏は、これらの古墳の在り方、つまり配置のされ方から楯伏《たてふし》の儀礼を造形したのではないかと考えられた（『日本の古代文化』岩波書店）。

楯伏の儀礼は楯状（節・臥）舞として伝えられた。

史料上での初見は亡くなった天武天皇を持統天皇の二年（六八八）十一月に大内陵へ葬るさいに、皇太子・公卿・百寮人・諸蕃の賓客が殯宮に参列して楯節舞を見ている（『紀』）。この時には蝦夷《えみし》百九十人も参列している。しかし楯伏舞は久米舞とともにもっと古くからおこなわれていたと推測される。

『令義解《りょうのぎげ》』の「職員令」が引く古註には「楯臥《たてふし》は十人。五人は土師宿禰ら、五人は文忌寸《ふみのいみき》ら。右は甲を着て刀と楯を持て」とある。古墳造営や葬儀を司った土師宿禰が代々関与したとみられるのは、楯が古墳儀礼と関係していたらしいことを物語っている。文《ふみ》氏は書氏とも書き百済系の渡来人だった。『令集解』の「喪葬令《そうそうりょう》」の古註には、河内の野中古市人にも遊《あそ》部《べ》のいたことが記され、文氏に属していた可能性がある。

楯は弥生時代からあるがその頃はまだ一定の形ではなく、それに単なる武具として使われた。ところが古墳時代になると一定の形と文様をもった皮楯に漆《うるし》をほどこした盾やそれを土で造形した埴輪を古墳に使用する風習が盛んだった。まだ前期でも初現期の実例はよく分らないが、前期の前半期には現れ前期の後半期や中期には大流行している。楯伏の儀礼や舞は前期の後半期までは遡るとみてよかろう。

佐紀古墳群西群の問題点

この群での主要古墳は前述のように三基の巨大前方後円墳である。その造営年代は三基とも前期の後半期、つまり四世紀後半であろう。

楯列の第二の問題点から述べる。楯列の表現は佐紀古墳群全体での主要古墳の在り方から生まれたとする見方を前項で述べた。ところが少数意見ではあるがもう一つの見方がある。

それは墳丘の長軸を南北に置いた佐紀陵山古墳と佐紀石塚山古墳の二基が、異常なほど接近していることである。このように接近した巨大な前方後円墳となると、ほかには宮崎県の西都原《さいとばる》古墳群でのオサホ塚古墳とメサホ塚古墳（ともに陵墓参考地）があるだけである。

佐紀古墳群西群の二基の古墳は濠の一部を共用したと思えるほどの接近ぶりである。両古墳の年代差は割出せないが、造営工事は佐紀陵山古墳のほうが先におこなわれたとみられる。ほぼ同時期に両古墳の造営工事がおこなわれていた可能性もある。

両古墳は墳丘の長軸方向を揃えているだけではなく、墳丘の規模もほぼ似ている。佐紀石塚山古墳の墳長は二一八メートル、これにたいして佐紀陵山古墳の墳長は二〇七メートルと巨視的には同規模といってよい。さらに後円部の高さはどちらも一九メートルで、後円部の高さ、つまり古墳の高さを揃えて造営された節がある。

別の機会にしばしば指摘したように、日本の古墳研究では墳長に重点をおいてみる仕来りがある。これに対して古代の中国では古墳の高さ、つまり「墳高」に重点をおいて身分によって造営してよい古墳の規模を述べていた。

『筑後国風土記《ちくごのくにふどき》』逸文に筑紫君磐井《つくしのきみいわい》の墓についての詳細な記録がある。磐井は土着の豪族というより新羅とも手を結んでいて筑紫の王といった存在であった。ヲホド王（継体天皇）との間で大戦争となり五二七年から翌年にかけて北部九州が戦場となった。『紀』では磐井は敗死したことになっているが、『筑後国風土記』では磐井は「勢の勝つまじきを知りて独り豊前国上膳《かみみけ》の県《あがた》に遁《のが》れ南の山の峻しき嶺の曲《くま》に終《みう》せき」と違った記述になっている。

磐井の墓の規模について風土記の原文では「筑紫君磐井の墓有り、墳高七丈、周六十丈」と中国流の記載がある。ところがたいていの読み下し文では「磐井の墓墳有り。高さ七丈」

のように奇妙な読み方にして間違っている。これについては、『考古学と古代日本』の「墳高の意味」の項で指摘しておいた。

以上述べたように佐紀陵山古墳と佐紀石塚山古墳の異常に接近して造営されたこと、両古墳の規模やとくに埋葬施設のある後円部の高さが揃えて造営されていること、つまり墳高を重視して造営されたことなどから、記紀において楯列陵といったのはこの二つの古墳ではないかとする考えもぼくは捨てがたい。

佐紀陵山古墳は日葉酢媛皇后の陵になっている。ところが江戸時代には神功皇后陵となっていたが文久の修陵にさいして神功陵はこの古墳の北方にある五社神古墳に変更され、今日に至っている。その頃、五社神古墳は奈良時代の称徳《しょうとく》天皇陵になっていた。称徳陵はその後は佐紀石塚山古墳のすぐ南にある佐紀高塚古墳（墳長一二七メートルの前方後円墳）が治定され今日に至っている。

佐紀高塚古墳と称徳天皇陵

称徳天皇は聖武天皇の子の高野《たかの》姫である。最初が孝謙《こうけん》天皇、重祚《ちょうそ》してからが称徳天皇で高野天皇ともいった。

帝位を淳仁《じゅんにん》天皇に譲っていた孝謙上皇のとき、淳仁天皇を擁した恵美押勝《えみのおしかつ》（藤原仲麻呂）

と対立し、戦勝を祈願して造営を発願したのが西大寺である。西大寺の寺号が示すように、東大寺に匹敵する大寺だった。

このように晩年の称徳天皇は土木工事を好んだが、宝亀《ほうき》元年（七七〇）に死ぬと八人の作山陵司が任命され、「左京と右京、四畿内、伊賀、近江、丹波、播磨などの国の役夫六千三百人を興して山陵（の造営）に供させた」（『続日本紀』）。これは称徳天皇の遺宣（遺言）によるとみられる。

奈良時代は古墳時代の終末期が終っていて、天皇陵もさほどの規模ではない。ところが一日に六千三百人の役夫を称徳天皇の山陵造営に使ったとなると、文久の修陵のときから称徳陵に治定されている佐紀高塚古墳について注目する必要がある。

佐紀高塚古墳には「陵域内には埴輪の破片が散見される」と『奈良市史』（考古編）に記されている。墳形からみても前期の前方後円墳ではないかといわれ「佐紀石塚山古墳ないしは佐紀陵山古墳に随伴する営みをもつ古墳として理解できるかもしれない」とみる説もある（『天皇陵古墳』所収の今尾文昭氏執筆の「天皇陵古墳解説」の項）。

先に行燈山古墳の陪墳としてイザナキ神社古墳（天神山古墳）など三基の前方後円墳があることを述べたが、今尾氏はこの例を念頭においての指摘とみられる。もしこの見方が正しければ、称徳天皇陵は既存の前方後円墳を整備しての再利用となり、平城天皇陵が市庭古墳の後円部を大円墳として再利用したことにも通じその先例となる。

佐紀高塚古墳に埴輪片があるとする『奈良市史』の指摘には、なお検討の余地がある。例えば新沢千塚古墳群では後期の前方後円墳の墳丘内にかなりの数の円筒埴輪の破片が混じっていた。これは横にある前期古墳に使われている埴輪が破片となって盛土のなかに混入したものであった。このように少し遅れて造営された古墳の盛土の中には、しばしば付近にあるより古い古墳に使われていた埴輪が破片となって混在するものである。したがって出土状況によって原位置にある埴輪が確認されるまでは、埴輪の破片があることの意味については保留すべきであろう。

ぼくは六千三百人をある期間使役すれば一〇〇メートル級の前方後円墳の造営は不可能ではないとみている。

徳治《とくじ》二年（一三〇七）以前の成立とみられている「西大寺往古敷地図」では、西大寺の北東に「本願御陵」の墨書がある。西大寺にとっての本願とは称徳天皇のことで、佐紀高塚古墳を指しているとみられる。

称徳陵については、先ほど引用した『続日本紀』の造営記事のあと「高野天皇を大和国添下郡佐貴郷高野山陵に葬る」とある。『延喜式』の「諸陵寮」の項では「高野陵　平城宮御宇天皇大和国添下郡にあり、兆域東西五町、南北三町。守戸五烟」とある。兆域が東西方向の方が南北方向より長いということは、墳丘の長軸が東西にあったことを示唆するとみられ、佐紀高塚古墳のことを指している可能性が高い。

もし以上の考えでよければ、称徳天皇は前方後円墳を陵としている。天皇陵としては欽明天皇または敏達天皇より後の例外となる。さらに最後に造営された前方後円墳は奈良時代後半にもあったことになる。このことが平城天皇にどのように影響したかの追求も一つの研究課題としてのこる。

佐紀古墳群西群は五社神古墳、佐紀陵山古墳、佐紀石塚山古墳、それに佐紀高塚古墳が古墳群構成の中核になっている。注目されるのは五社神古墳は神功皇后陵、佐紀陵山古墳は日葉酢媛陵、佐紀高塚古墳は称徳陵と四基のうち三基が女性の被葬者である。このことに意味があるのかどうかは直ちには分らない。

佐紀石塚山古墳が磐之媛陵の可能性があるかどうかだが、磐之媛は五世紀の人でその可能性はない。今日では佐紀石塚山古墳は成務陵になっている。しかしすでに述べたように成務天皇は実在性が乏しく他の被葬者を考えておくことも必要であろう。

佐紀陵山古墳と佐紀石塚山古墳は東西に接近して造営されていて、楯列の表現はこの二基の古墳の在り方から生まれたとみることも想定しておかねばならない。ということは二古墳の被葬者が近い関係にあった人たちであったことが視野に入ってくる。

日葉酢媛は垂仁天皇の皇后である。現・垂仁陵（宝来山古墳）は中期古墳とみられ、垂仁陵の可能性は乏しいとぼくはみている。先に垂仁陵も垂仁天皇の宮の位置からみて柳本古墳群に見出せないか、例えば行燈山古墳はどうかと述べた。これは第一候補である。第二候補は佐紀石塚山古墳として今後の検討に委ねたい。

日葉酢媛陵の伝承と盾列池

江戸時代には佐紀陵山古墳は神功皇后陵となっていたが、文久の修陵にさいして五社神古墳が神功皇后陵となり今日に至っている。

明治八年に明治政府は佐紀陵山古墳を日葉酢媛陵に決定し今日に至っている。今日に至っていると書いてしまうと静謐《せいひつ》な時間が経過したように聞こえるが、そうではなく大正五年に大がかりな盗掘事件が発生し翌年には宮内省によって埋葬施設のある後円部頂上の復旧工事がおこなわれた。小型のセスナ機に乗って上空からこの古墳を見下ろすと、今でも大正六年の修理の個所が手にとるように分る。この盗掘にさいしての出土品についてはすぐ後で述べる。

日葉酢媛陵については、先に野見宿禰の埴輪採用の建策でふれた。土師氏にとっては先祖の手柄話として長く伝えられ、その家伝が垂仁紀の記載として取りいれられたことであろう。

土師氏の子孫である菅原道真の伝記をまとめた『菅家御伝記』も野見宿禰のことにふれていて、そのなかで「日葉酢媛命狭城墓、今狭城盾列池前陵是也」としている。このように平安時代中ごろまでは日葉酢媛陵については所在が言い伝えられていた。

『記』には埴輪の起源説話はでていないが、垂仁天皇の死の記事につづいて「この天皇の御年、百五十三歳、御陵は菅原の御立野の中になり。またその大后比婆須比売命の時、石祝作(石棺作の誤記か)を定め、また土師部を定める。この后は狭木の寺間陵に葬る」とある。

このように『記』には埴輪の起源説話の内容は書いていないけれども、比婆須比売(日葉酢媛)の死にさいして土師部が定められたことは述べている。これからみると『記』の編者らが埴輪の起源説を知っていたのだろう。

『記』の記事によって、日葉酢媛陵は「狭木の寺間陵」といったことが分る。寺間については定説はないが、西大寺と法華寺の間とみて追記とみるのも一案かとおもう。

『菅家御伝記』の「日葉酢媛命の狭城墓は今の狭城盾列池前陵是也」の割註は注目してよい。『延喜式』の「諸陵寮」の項では、成務陵を「狭城盾列池後《いけじり》陵」、神功皇后陵を「狭城盾列池上陵」にしている。つまり佐紀古墳群西群の核となる三基の前方後円墳の名称が池後陵、池上陵、池前陵と池を基点として所在地を表記している。それほどの大池が当時あったらしい。

この池とは西大寺に伝えられている「京北班田図」中に描かれている盾列池で、その跡地が今日の奈良競輪場とみられている。

盾列池については詳しくは調べていないが、『紀』の仁徳天皇十三年冬十月に造った記事のある和珥《わに》池の可能性がある。この池については『紀』の推古天皇二十一年冬十一月に造ったとする記事もある。この場合の後の造池記事は機能が衰えていた池の修復記事とみてよかろう。

戦後の古代史研究で堅実な業績をのこされた岸俊男氏（故人）とは、『古代の日本』（全十六巻）の編集をともにしたことがある。岸氏は奈良市に住んでおられヤマトの古代史にも深い知識をもっておられた。昭和三十四年に刊行された『世界考古学大系』三（日本Ⅲ）に「古代豪族」を執筆された。

岸氏はその論説において和珥（丸邇）氏の重要性を指摘され、その居住地から佐紀古墳群が「和珥氏の勢力圏に属し、現に神功、成務陵近くには、丸（丸邇）部の居住したことが確定した」と述べられた。先に結論をいえば盾列池は地名をとって和珥池とよばれていたとぼくは考える。なお和珥氏については、青柳泰介氏が「ワニ地域考―考古学から古代豪族ワニ氏の本拠地を考える―」のなかで奈良盆地北部の関係遺跡を検討している（同志社大学考古学シリーズX『考古学は何を語れるか』二〇一〇年、所収）。

日葉酢媛陵の盗掘事件

佐紀陵山古墳は文久の修陵までは神功皇后の陵になっていた。江戸時代の前期に京都の堀川に松下見林《けんりん》という医者でありかつ歴史家がいた。東アジア的視野で『異称日本伝』を著した人物である。

元禄《げんろく》九年（一六九六）に神代三陵から室町時代の正親町《おおぎまち》天皇までの天皇陵についての考察をおこない出版したのが『前王廟陵記』である。陵墓関係の著作物としては最初の出版物である。

『前王廟陵記』の天皇陵古墳関係については文献史料をまとめた記述が多い。例外として神功皇后陵があって、見林が実地を見学していたことが分る。神功皇后陵は盾列池上陵であって俗に御陵山といっているとしたあと「山陵の麓に鳥居あり、半腹に小壺の如き物を敷き、周廻車輪の如し。これ古に所謂、埴輪の類、陵上に立てるは頂に石棺露はる。年代久しく土崩るるか。若《も》しくは戦国に賊之を発《あば》くか」とある。なおこの鳥居は墳丘内の小祠の鳥居である。

見林の観察によって江戸時代の前期に、佐紀陵山古墳の後円部頂上には、石棺（?）が露出していたこと、多数の円筒埴輪が使われていたことなど考古学についての事柄が分る。

日葉酢媛と石棺の創始伝説

松下見林の踏査では、佐紀陵山古墳には石棺が露出していた。ただし石棺は全形があらわれていたわけではなく、縄掛突起をつけた天井石の誤認だったとみられる。この天井石については後でふれる。仮に天井石だとしても、古墳前期後半に石工技術が飛躍的に発達したとみてよい。

ぼくは前に大和の天皇陵の絵図を古本で入手した。『元禄の御陵絵図』を天保《てんぽう》三年に写したもので仮に森家本の『御陵絵図』としておく。その一枚に神功皇后陵として佐紀陵山古墳が描かれている。後円部の頂部には周垣が設けられ、三個の大石が整然と列状に並べられている。その傍らには「石棺九尺、横三尺五寸」と記している。この大石は後に述べるように石棺の用材とみるより石室の天井石であろう。

奈良県での豪壮な石棺となると、行燈山古墳の東方、つまり同じ山の尾根のより高所に築かれた櫛山古墳の後円部にあった。竪穴式石室内には、組合せ式長持形石棺（盗掘によって小口板など一部の石材がのこる）があったが、これがもっとも古い。前期中ごろの石棺とみられる。この棺材は橿原考古学研究所に移されている。

櫛山古墳は双方中円墳である。正しくは後円部の背後に短い方形突出部をつけた前方後円

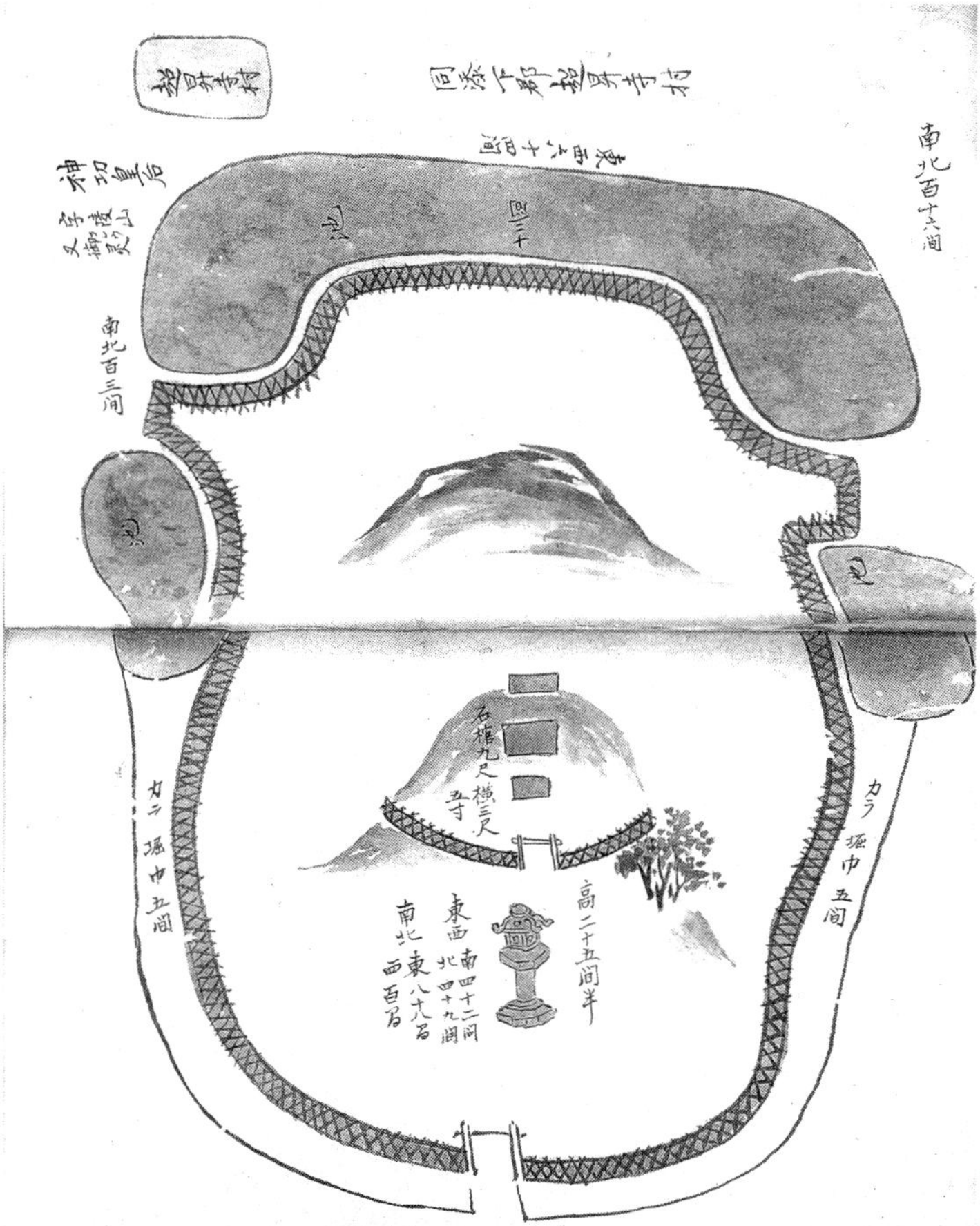

図15　佐紀陵山古墳の後円部の３枚の天井石（家蔵の「御陵絵図」）

墳である。後円部の背後に設けられた方形突出部には、白礫を敷きつめた祭場があって、ここからは人形《ひとがた》の石製品ほか石製や土製の腕輪を模した祭祀具が出土した。人形石製品は大雑把に人の輪郭を造形したもので、目、口、耳などは表してはいなかった。

櫛山古墳の南方にある渋谷向山古墳は、奈良県の古墳前期では最大規模の前方後円墳である。

関西大学は江戸時代末に渋谷からの出土と伝える丁寧に加工された蛇紋岩製の石枕を所蔵している。もと本山彦一氏のコレクションのなかの一点で、形や大きさからみて渋谷向山古墳から持ち出された可能性が強い。

石枕を用いるには木棺よりも石棺がふさわしく、さらに石棺の種類は長持形石棺よりも割竹形や舟形石棺に伴うことが多い。出土の伝承が正しければ、渋谷向山古墳は石棺を埋葬に用いていたと推定される。

佐紀古墳群西群では、佐紀石塚山古墳でも石棺が使われているようである。この古墳は天保十五年（一八四四）と嘉永《かえい》元年（一八四八）に盗掘をうけ、奈良奉行所が取り調べており、石棺から多数の勾玉が持ち出されたという。

宝来山古墳も幕末の嘉永二年（一八四九）に盗掘をうけ、石棺があらわれた。石棺の蓋石については「覆ハ亀之形ニ相成」と記されている（「帝陵発掘一件」）。少し時代の下る組合せ式の長持形石棺とみられる。

　これらの盗掘がおこなわれた時の奈良奉行は川路聖謨《かわじとしあきら》で、犯人の取り調べをおこなった。川路は徳川幕府の役人として有能であったし、考古学にも関心をもち奈良奉行在任中の嘉永二年七月に『神武御陵考』を著している。ぼくも一冊を持っているが、川路の草稿本かも分らない。

　幕末の動乱期に川路は外国奉行に登用された。慶応四年の初めに徳川幕府が倒壊し明治の新政府が誕生した。するとそのあとの三月十五日に川路は壮絶な自殺をしている。徳川幕府の倒壊にさいして自らの命を絶って責任をとった数少ない武士である。川路が書いた『島根のすさみ』や『長崎日記・下田日記』はぼくの愛読書である（ともに「東洋文庫」）。なお慶応四年は九月に明治と改元され、明治元年となった。

　石棺の話に戻る。『新撰姓氏録《しんせんしょうじろく》』の「左京神別」の項にある「石作連」には「火明《ほのあかり》命六世孫建眞利根命の後なり。垂仁天皇御世、皇后日葉酢媛命のために石棺を作って之を献ず。よりて姓に石作連公を賜うなり」とある。火明命は『紀』によれば尾張連らの始祖である。

　割竹形、舟形、長持形などの石棺を古墳時代前期の後半から古墳時代中期にかけて支配者層がよく使った。このような石棺の石切り場は、和泉国の箱作《はこづくり》、播磨国の龍山《たつやま》、肥後国の宇土がよく知られている。このほか讃岐国にも二か所の小規模な石切り場がある。なお大阪府と奈良県境の二上山麓の石切り場は古墳時代後期になって爆発的に使われていて古墳時代前期までは遡らない。

石作連はこれらの石切り場近くに居住したとみられ、先ほどの平安京左京にいた石作連は都へ移住してきたのであろう。平安京左京に石棺を作れるような石切り場があったのではなかろう。移住する前は、和泉国（『新撰姓氏録』に石作連あり）か播磨国に居住していたのであろう。ただし和泉国、播磨国、讃岐国、肥後国のうち『新撰姓氏録』に収載されたのは畿内に属した和泉国だけであって、他の国々に石作連がいなかったのではない。

『播磨国風土記』の印南郡の項に、大国の里の伊保山には、讃岐国から移住してきた石作連大来《おおく》がいたことを記している。伊保山には巨大な石宝殿《いしのほうでん》が今日ものこっている。

もう一つ注目すべきことがある。先ほど引いた左京神別の石作連の本文では、垂仁天皇からあたえられた姓は「石作連公」である。連公の姓は連の前段階に使われたとみられる古い姓である。最近では百済の都のあった扶余《ふよ》でも「那尓波連公」の木簡が出土した。那尓波は難波の万葉仮名的な表記である。

多岐にわたって指摘してきたが、石棺が垂仁天皇の時に日葉酢媛皇后のために石作連（連公）が作って献じたという古い伝承があったことは重視してよかろう。垂仁天皇の時とは、古墳時代前期の中頃であって、四世紀後半でも早い段階であろう。とすると巨視的にみると考古学の知見と古伝承とがほぼ一致しているのである。ぼくは古伝承からも歴史はさぐれるとみている。

佐紀陵山古墳の盗掘事件と後円部の様子

この古墳は大正五年に大がかりな盗掘をうけて遺物が持ち出された。この事件はそののち犯人が検挙され、不敬罪で裁判がおこなわれかけた。そのとき考古学の立場から参考意見を鑑定書で提出したのが京都大学の助教授だった浜田耕作氏である。浜田氏の良識ある判断によって不敬罪は成立しなかった。その間の経緯については禰津正志氏が一九六八年一月に『図書』に書いていた。

先にもふれたように佐紀陵山古墳では石棺とよばれた埋葬施設の用材（天井石か）が江戸時代に露呈していて、江戸時代以前にも盗掘がおこなわれたことを示唆している。

大正五年の盗掘が露見した直後に宮内省諸陵寮では翌大正六年にかけて埋葬施設の大規模な復旧工事をおこなった。さらに回収された出土遺物の写真撮影や復原をおこない、主要な遺物は石膏模型を作り遺物は元の場所へ戻した。これによって事件に一応の終止符はうたれた。ところが大正十二年の関東大震災でそれらの資料の大半が焼失した。

戦後になって梅原末治氏が、関東大震災の前に藤田亮策氏とともにこれらの資料を宮内庁で実見し青写真などを持っておられることが分り、昭和三十四年にその概要が発表された。

このような気運をうけて諸陵寮でも関係資料をまとめ、昭和四十二年に『書陵部紀要』第十九号に石田茂輔氏の執筆で「日葉酢媛命御陵の資料について」が発表され、はじめて佐紀陵山古墳の埋葬施設や副葬遺物の概要を知ることができた。なお石田論文は『陵墓関係論文集』（昭和五十五年）にも収録されている。

埋葬施設は広義の竪穴式石室で内部には長大な木棺を蔵していたと推測される（調査当時は腐朽し消滅）。この石室の天井石は六枚あって、それぞれ前後の短側石に二個ずつの縄掛突起を付けていた。このような縄掛突起は古墳時代中期になると長持形石棺の蓋石や長側石に付けられることが多い。

この石室の上部は二メートルほどに土を盛って小さな円形の盛土を造り、その上に七、八個のキヌガサ形埴輪と数個の楯形埴輪を立てていた。とくに土壇中央の最高所に立てられたキヌガサ形埴輪は大きく、稀に見る丁寧さで作られていた。

キヌガサの上部には、複雑な直弧文が一周しさらに四個の突出した部分（ヒレ）をも直弧文で飾っていた。

元の形のキヌガサは木枠の上に絹を張りめぐらして造形した調度具だったが、埴輪は土で造形するため、厚板のようになり重量も実物よりはるかに重い。

楯形埴輪も丁寧な製作で、実物は関東大震災で失われたが幸い東京国立博物館が精密な模造品を作っていた。

古墳時代の楯といえば、大阪府の和泉黄金塚古墳や豊中市の狐塚古墳で実物が出土している。さらにそれを模した埴輪が普遍的に用いられた。佐紀陵山古墳出土の楯はそれらの楯とは異なり、形でいえば奈良県の石上神宮《いそのかみ》に伝わる鉄盾に近い。形が似ているといっても佐紀陵山古墳の楯の原物は鉄ではなかろう。木製の盾の周縁全部と中央の二本の横帯を直弧文で飾っており、原物ではこの帯は皮か厚い布だったかと推定される。キヌガサ形埴輪の直弧文とともに古墳時代前期後半の直弧文とみてよい。直弧文は弥生時代の終末ごろにあらわれる日本特有の規則性の高い文様で人を葬ること

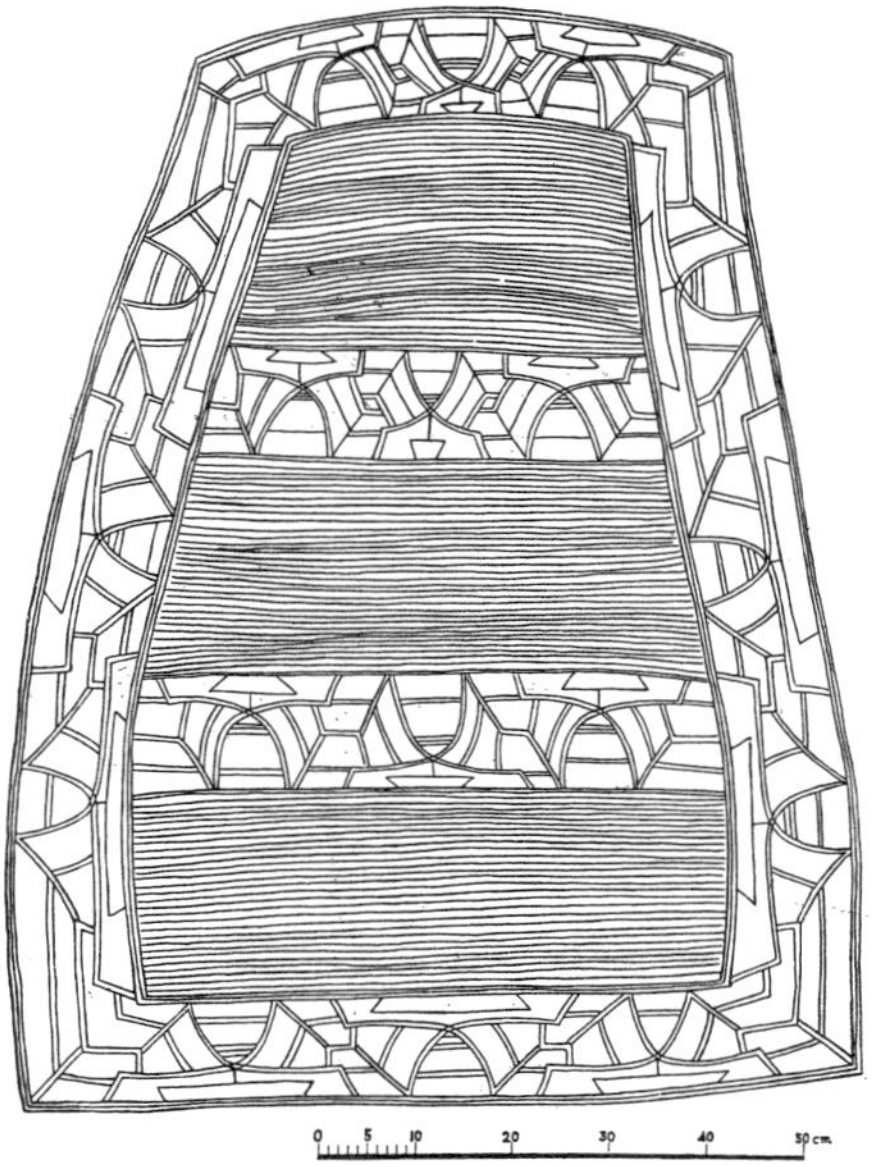

図16　佐紀陵山古墳出土の盾形埴輪（石田茂輔「日葉酢媛命御陵の資料について」より）

と深い関係があった。なお楯形埴輪は高さ一〇八センチ、最大幅八〇センチである。このほか屋根が四注造りとみられる家形埴輪があったけれども詳細は不明である。

和田千吉という人がいた。明治時代の三十年ごろから活躍する考古学者である。このころ東京帝室博物館に勤務していて、大正五年の盗掘のあとの復旧工事に参加された。このあと宮内省諸陵寮に勤めた。和田氏は佐紀陵山古墳の後円部頂上の埋葬施設についての復原図の試案を造られ、幸い石田論文に掲載されている。遺物の出土状況について強い関心があった人とみてよい。

後円部頂上の埋葬施設の上に小さな土饅頭状の土壇を築き、その上に埴輪を立てた例は大阪府の黒姫山古墳の発掘でぼくは実見している。黒姫山古墳では盗掘坑が大きく、方形の土壇の大部分が失われたが、かろうじて土壇の隅々がのこっていて、キヌガサ・靫《ゆき》・盾・短甲・家の埴輪が原位置にあった。

この発掘は昭和二十三年におこなった（前方部の甲冑など武具や武器の埋納された石室の発掘は昭和二十二年）ので、そのときはまだ佐紀陵山古墳についての石田論文は出ていなかったけれども、噂では聞いていたのでそれを思い浮かべながら発掘を進めた記憶がある。

和田氏の佐紀陵山古墳の後円部頂上の復原図は真実を伝えているように思える。もしこの図の通りとすれば、大正五年の盗掘は真上から埋葬施設を掘りあて、天井石の一部をこわし

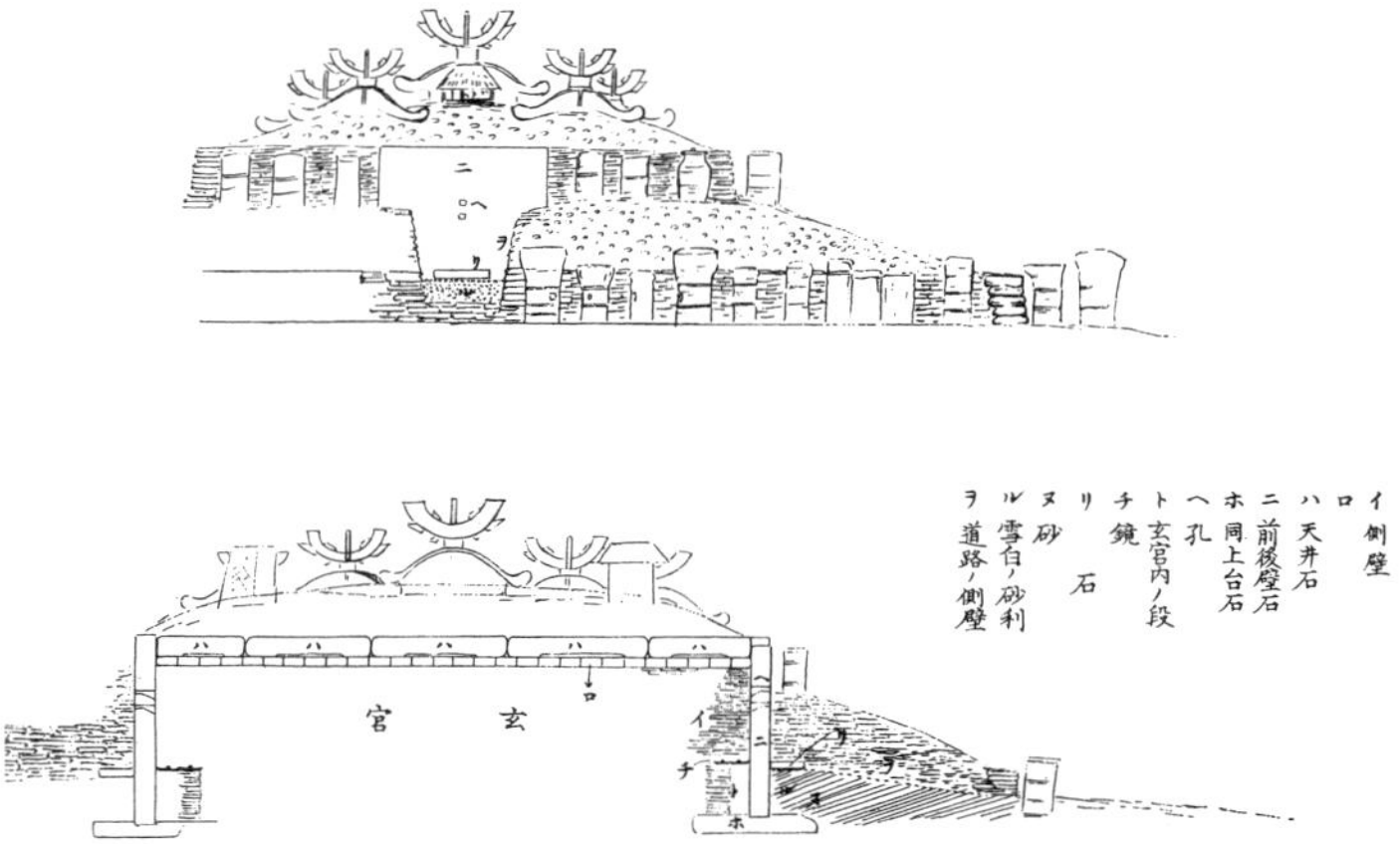

図17　和田千吉が描いた陵山古墳後円部頂の埴輪配置図（石田論文より製作）

て内部へ侵入したのではなかろう。真上から掘り下げるとなると盗掘坑は大きくなり、埋葬施設の上部に立てられていた埴輪群はこわされたはずである。おそらく石室の南と北のどちらかの小口部分から侵入したのであろう。

この小口は割石を積んだ壁ではなく一枚の板石を立てていたようである。さらにこの小口板の上部には孔《あな》があけてあったという。

先ほど述べた森家蔵の『御陵絵図』に描かれた三枚の石とは、石室を覆った五枚の天井石の前後の三枚だったのだろうか。

石室内の様子はほとんど不明である。かろうじて和田千吉氏の試案図のなかに、石室内の前後に割石で高さ五、六〇センチぐらいの段（棚）をこしらえ、その上に三面ずつの鏡が置かれていたように描かれている。

もしこのように観察されたのであれば、この石室内では棺外遺物として鏡を埋納していたことになる。遺跡学の蓄積によると前期古墳では竪穴式石室の棺外に呪具としての三角縁神獣鏡を埋納することが多い。この代表例が奈良県柳本古墳群の黒塚古墳や大阪府の紫金山《しきんざん》古墳である。佐紀陵山古墳の鏡の置き方もそれらと同じ方式での埋納であろう。ただし佐紀陵山古墳には知られている範囲には三角縁神獣鏡はなかった。

出土した鏡のうち三面が石膏模型、写真、拓本がのこっている（盗掘犯から警察が押収した銅鏡は十二面、ただし他の古墳のものも混じっているか）。一面は直径三五センチの平縁の方格規矩四神鏡で、後漢時代の方格規矩四神鏡より直径がかなり大きく作られている。

もう一面も直径三二センチの平縁の方格規矩四神鏡である。前者の縁が流雲文、後者の縁が唐草文の違いがあるほか文様は類似している。倭鏡である。

三面めは直径三四センチの平縁の内行花文鏡である。八個の花文があり擬銘帯がめぐる。縁には直弧文を繞らせていて倭鏡である。このように直弧文を鏡の文様とした例としては奈良県の馬見《うまみ》古墳群の新山《しんやま》古墳がある。新山古墳は前方後方墳で陵墓参考地である。

以上が宮内庁にのこる鏡の資料である。このほか梅原資料に中型の四獣鏡一面の写真がある。ただし大正五年の盗掘事件のさいには、犯人がもっていた他の古墳の出土品（例えば馬具）も混じっていたといわれているから、ぼくは佐紀陵山古墳の出土鏡とするのを保留する。

今までで気付いたのは、キヌガサと楯の埴輪、大型の内行花文鏡に直弧文をふんだんに使っていることで、他の古墳にはこのような例はない。それと埋葬施設の上に立て並べた埴輪が他の古墳の例より丁寧に作られている。

このことは佐紀陵山古墳の被葬者の葬儀を土師氏が取り仕切り、鏡作りの人たちにも鏡に直弧文を付けるように手配したかと考える。

次にのこりの遺物について書こう。

盗掘で持ち出されたのは石製品ばかりである。盗掘にさいして換金性の高い石製品が珍重され、売りさばきにくい鉄製品はそのまま古墳に残しがちとなる。

第一は口径約二〇センチ、高さ五・八センチの臼がある。このような臼は京都府長岡京市の南原古墳で、石杵とセットになった石製の平臼が出土していて、朱の精製に用いたとみられる。朱は古墳前期の人がとくに珍重したもので、遺骸の保存に役立つと考えたのであろう。

第二は合子《ごうす》の蓋である。合子には朱や妙薬を収めたとみられる。

第三は貝輪を石で模した腕輪形石製品である。本来は男性が用いた貝輪から出発した鍬形《くわがた》石、女性が用いた貝輪から出発した車輪石と石釧の三種とも揃っている。

鍬形石は三個出土しているが、年代差があるようである。これらの腕輪形石製品は葬儀にさいして近親者が墓の主に献じたものかもしれない。

椅子形石製品は王者が座る椅子のミニチュアである。このような椅子形石製品は奈良県桜井市のメスリ山古墳でも知られているし、大阪府堺市の百舌鳥大塚山古墳の前方部からは土製の机と椅子とともに椅子のミニチュアが出土している。

百舌鳥大塚山古墳の土製品は家形埴輪とともに出土し、ほかに寝台や器台と壺があった。佐紀陵山古墳の石製品のなかにも高坏形石製品が二個ある。

琴柱《ことじ》形石製品は一個ある。もちろん琴柱ではなくぼくは徳島市恵解山《えげやま》二号墳で発掘したことがある。この古墳には東棺と西棺の二個の箱式石棺が並んでいた。幸なことに東棺には老年の女子の骨、西棺には老年の男子の骨がのこされていた（人骨は島五郎氏の鑑定）。西棺の頭骨のそばに四個の琴柱形石製品と管玉《くだたま》十六個で一連の玉飾となっていた。呪的な役割の強い玉飾に思えた。なお西棺には短甲と衝角付冑、刀剣など物だけを納めた副室が伴っていた（『眉山周辺の古墳』（昭和四十一年））。

このほか三個の刀子を模した石製品や鉄斧を模した斧頭《ふとう》の石製品一個などがある。これらからみると古墳時代前期の後半でも終りに近い年代が考えられる。以上の遺物からは被葬者の性別に言及することはできない。やはり出土状況の記録を欠いた遺物の学問的発言力には限界がある。

仲哀天皇と香椎廟

諡号に「哀」のような悲しさを表す字のつく奇妙な天皇が仲哀である。仲哀は倭《やまと》（日本）建命《たけるのみこと》の子である。

倭建命は記紀では帝位についてはいないが、子が多く犬上君《いぬかみ》、建部君《たけるべ》、讃岐《さぬき》の綾君《あやのきみ》、鎌倉の別《わけ》、石代《いわしろ》の別《わけ》など各地の豪族の始祖伝承がある。

『常陸国風土記』では「倭武天皇」が何度もあらわれている。東国にはそのような伝承があったのである。『紀』には仲哀天皇が父の倭建命を敬愛していた話がある。越国が白鳥四羽を献上してきた。仲哀天皇が父を偲《しの》んで陵域の池（濠）で養おうとしたのである。ところが使人が菟道（宇治）川のほとりに宿ったとき、仲哀天皇の異母弟の蒲見別王《かまみわけのみこ》がその白鳥を焼いて黒鳥になったといった。このことを聞いて仲哀天皇は兵士を遣わして蒲見別王を殺したという。

余談になるが大阪府藤井寺市に津堂城山古墳という前方後円墳があって、陵墓参考地になっている。この古墳の濠のなかに低い島状の高まりがあって、ここに大中小三個の水鳥埴輪が置いた状態で見つかっている。濠に水をたたえると水鳥は水面に浮かんだようになり古墳に園池の役割をもたせている。このことから津堂城山古墳を倭建命の墓とみることも一案になる。倭建の墓については後でふれる。

仲哀天皇はヤマト政権の大王である。だが『記』ではこの天皇は「穴門《あなと》の豊浦宮。また筑紫の訶志比（香椎・橿日）宮に坐して天の下を治めた」とあるように、治世の大半を穴門（長門）や筑紫で暮らしている。これは『紀』でも同様である。

仲哀天皇の皇后は気（息）長足姫である。天皇とともに筑紫に行った（航路は別々）。仲哀天皇は父の景行天皇以来の難問であった熊襲《くまそ》を討とうとした。それにたいして神功皇后は熊襲の背後にあったとみられる新羅をまず討とうとして意見が対立した。その対立のなか仲哀が亡くなる。このあたりから武内宿禰《たけのうちのすくね》が台頭してくる。『紀』は「一に云う。天皇親ら熊襲を伐ち賊の矢にあたって崩じた」とある。『紀』は国家の正史である。そこにこのような異伝をのせるのだから案外それが事実だったかもしれない。

仲哀天皇は香椎で奇妙な死をとげた。この天皇の諡号に「哀」のついた原因であろう。『紀』では天皇の屍を海路より穴門に遷し、豊浦宮で殯したと記している。

『紀』では神功皇后がのちに誉田（応神）天皇となる子を腹に宿しながら新羅へ出兵し、そのあと筑紫で誉田天皇を産み、さらに仲哀天皇の異母兄弟（麛坂王と忍熊王）を山背で討って勝利したあと、天皇を河内国長野陵に葬るの記事となる。『記』では仲哀の「御陵は河内の恵賀の長江にあり」としている。

今日の香椎宮は福岡市東区にある。仲哀天皇や神功皇后、応神天皇、住吉大神を祭る神社ではあるが古くから香椎廟とか香椎廟宮とよばれた。例えば『三代実録《さんだいじつろく》』では貞観《じようがん》十八年(八七六)正月に「香椎廟宮の毎年春秋の祭日に、志賀嶋の白水郎《あま》男十人女十人、風俗楽を奏す(後略)」とある。

香椎宮は『延喜式』の神名帳にはでていない。ところが『延喜式』の民部式には香椎宮には廟司を置き守戸を定めるとあって、天皇陵と同じ扱いになっていることが注目される。

これとは別に「式部式」には「凡そ諸の神宮司幷に橿日廟司は六年をもって秩《ちつ》(職)の限りとせよ」とあって、諸の神宮とは異なる廟の責任者をおいている。この廟司は香椎宮の守戸を管轄したのであろう。山陵の管理におく守戸があるということは、古くは仲哀天皇の陵があったのだろうか。

奈良時代の大宰府の官人たちも香椎廟に詣っている。『萬葉集』巻六には大宰府の帥《そち》(長官)の大伴旅人《おおとものたびと》ら三人の歌四首がのっている(九五六〜九五九)。九五六の大伴旅人の歌のあとには左註がある。それによると神亀《じんき》五年(七二八)の「冬十一月、大宰府の官人ら、香椎廟を拝み奉り訖《お》えて、退《まか》り帰る時に馬を香椎浦に駐《と》めて各《おのおの》の懐《おもい》を述べて作る歌」とある。

四首のうち大伴旅人の九五七、大弐《だいに》(次官)の小野老朝臣《おののおゆのあそん》の九五八、豊前国守の宇努首男人《うののおびとおひと》の九五九の三首には、すべて香椎潟《かた》が詠みこまれていて、香椎廟が海岸の潟のすぐそばにあったことが分る。歌は省く。

香椎宮の祭神はすでに述べたような四柱であり神功皇后が主神のようになっているが、古くは仲哀天皇だったとみられる。香椎宮の南東の山脚先端には四世紀後半と推定される天神森古墳（墳形は不明）があったが、二面の鏡の出土のほか詳細は不明である。今のところ香椎の地に最初の仲哀陵が築かれたかどうかは分らない。

仲哀天皇の突然の死のあと、幼い誉田（品陀）別皇子を擁した神功皇后と武内宿禰の勢力が筑紫にいたのにたいして、畿内では麛坂《かごさか》王と忍熊《おしくま》王が勢力をふるっていた。この二皇子は仲哀天皇の子ではあるが、母は神功皇后ではない。

麛坂王らの兄弟は『紀』によると仲哀天皇が彦人大兄《ひこひとおおえ》の娘大中姫《おおなかつひめ》を娶って設けた子である。『記』では大江王の娘の大中津比売が生んだ子としている。大江王は大枝王とも書かれる地名を冠した人名とみられる。大江は中河内から難波にかけての地名であろう。

麛坂王と忍熊王は、神功皇后の勢力が海路をとって畿内へ向ってくると聞き、〝吾らは兄である。どうして弟の誉田別皇子に従えるか〟と反逆を決心した。

二人は父の仲哀天皇の陵を作ると偽って「播磨に詣って山陵を赤石に造ろうとした」。この伝承は考古学にとっても重要である。赤石は摂津と播磨の境にある明石のことである。七世紀ごろの意識では、明石が畿内と畿外との境であり、ここに仲哀陵を築くことに麛坂王らの領域意識がでている。

赤石での山陵造営については「船を編んで淡路嶋にわたしてその嶋の石を運んで造る。人びとに兵（武器）をとらして、神功皇后軍がくるのを待った」という（以上『紀』）。

明石に造ろうとした陵とは、明石大橋の北端近くにある五色塚古墳とみられている。神戸市垂水区にあって古代には摂津国だった。

五色塚古墳は墳長一九四メートルの前方後円墳で空堀をめぐらせ、兵庫県最大規模の古墳である。海岸まで一〇〇メートルの山脚上に造営され、淡路島が眼前にみえる。まさに明石海峡を席巻する位置にあるといってよかろう。

五色塚古墳の埋葬施設は不明だが、円筒埴輪をめぐらし墳丘の斜面を大量の葺石《ふきいし》でおおっている。『紀』の伝えのとおり、これらの葺石は淡路島から運ばれたとみられている。そのことから考えると麛坂王の勢力は淡路にも支配の力をのばしていたとみられる。

『新撰姓氏録』の「右京皇別」の項に「和気朝臣《わけのあそん》」が収録されている。この和気氏は平安京に移住してきた和気氏で、和気氏の先祖は備前国和気郡内にいた。和気氏の先祖は垂仁天皇の子の鐸石《ぬてし》別《わけ》命の三世孫の弟彦王である。九州から近畿入りした神功皇后の軍と忍熊王の軍が戦ったとき、弟彦王が針間（播磨）と吉備の境で戦功をたて、それが機縁となり和気氏は美作と備前で勢力を貯えるようになったという。このことは嵯峨の神護寺について書いたときに説明した（『京都の歴史を足元からさぐる』嵯峨・嵐山・花園・松尾の巻）。

和気氏のこの先祖伝承は重要で、神功皇后と忍熊王との戦いは備前国と播磨国の境にも及んでいたのであろう。

忍熊王はある意味では倭建の直系の孫である。戦に敗れたとはいえ、それは武内宿禰の詐術によるものである。

この原稿執筆中に気づいたのは、忍熊王は北陸では劔御子《つるぎのみこ》としてその武勇が称えられている。福井県丹生郡越前町織田にある劔神社は、奈良時代から平安時代前期には劔御子神とよばれ（『新抄格勅符抄』）今日も忍熊王を祭神にしている。忍熊王の勢力は近畿だけでなく北陸にも及んでいた節が強い。

忍熊王の側には犬上氏の祖の倉見《くらみ》別と吉師《きし》（士）の祖五十狭茅《いさち》宿禰とが味方についたという（『紀』）。犬上氏は近江の湖北、吉師は摂津の渡来系豪族である。この二人は東国の兵を動員しようとしたという。さらに葛野《かどの》城首《きのおびと》の祖の熊之凝《くまのこり》も忍熊王側についた。京都市か北陸あたりの豪族であろう。

古代には戦にさいして獣の狩をしたり年魚《あゆ》を釣ることがあった。祈狩《うけい》や釣占である。麛坂王らは菟餓野で祈狩をし、このとき赤い猪が現れ麛坂王は咋《く》い殺されたという。軍士は皆慄《お》じたという。おじけづいたのである。そこで忍熊王は倉見別と相談し軍を引いて住吉に陣をはった。このことからみて祈狩がおこなわれた菟餓野(『記』では斗賀野)とは神戸市灘区の都賀川附近とみるより、大阪市北区の兎我野町付近とぼくはみる。今日では大阪市の兎我野は大都市の繁華街だが、古代には猪や鹿がいたのであろう。

神功皇后の船団は瀬戸内海を東進してきた。このとき神功軍の守護神となって、ともに東進してきたのが住吉の三神である。住吉の三神は最終の地として「大津の渟《ぬ》中《な》倉《くら》の長狭《ながお》」に鎮座した。長狭とは帯状の潟のこと、今日の住吉大社の太鼓橋の下にはこの長狭の名残の地形がある。

誉田別皇子を擁した武内宿禰の船団は南海、つまり太平洋沿岸を通って紀伊水門《みなと》に着き、神功皇后も紀伊国日高で合流した。日高は紀伊の地名だがさらに考えねばならない。

以上の説明では忍熊王側が畿内の全域に力を及ぼしていたようにみえるがそうではなかった。和珥臣の祖武振熊《たけふるくま》が神功皇后側に加担した。和珥氏は南山背からヤマト北部さらに近江の湖西にかけ勢力をひろげた大豪族で、武振熊の力は難波にも及んでいたとみられる。『記』では難波根子建振熊命の名ででているからである。

ぼくは武振熊の本貫は山背の宇治の木幡にあったとみており、城陽市の久津川車塚古墳をその墓の可能性で考えたことがある(『京都の歴史を足元からさぐる』宇治・筒木・相楽の巻)。

両軍の決戦は菟道川をはさんで始まった。神功皇后軍は宇治川の北に陣をはり、武内宿禰の計略によって一気に勝利をおさめた。このとき神功皇后側が陣を張った宇治川の北とは和珥氏の本貫の地に近い。

このようにして忍熊王側を負かして神功皇后の摂政政治が始まった。その翌年に亡き仲哀天皇を河内国の長野陵に葬った。この話が事実を伝えるとしても、河内国に仲哀陵を築くのはもっと後であろう。『記』では「御陵は河内の恵賀の長江にあり」としている。長野は『和名抄』の河内国志紀郡にある郷名で、雄略紀十三年三月の条に餌香の長野邑の地名がでている。恵賀と餌香は同じ地名の別表記である。

仲哀天皇の時代とは古墳時代前期の末であろう。ヤマト政権の大王とされるが、生涯の大部分を穴（長）門や筑紫ですごし熊襲とも戦い、筑紫の橿日で命を落とした。

仲哀のために造営した陵は、誉田別皇子とは異母兄弟たち（畿内勢力）が明石に築こうとした五色塚古墳と、九州から東進して畿内を制した神功皇后（誉田別皇子の即位前、摂政）が河内に築いた長野陵とがあったことになる。五色塚古墳は築造年代や規模、それに『紀』の記事からみても疑問をはさむ理由はない。

今日、長野陵とされているのは藤井寺市にある岡ミサンザイ古墳である。周濠のある墳長二四二メートルの前方後円墳で、周濠の外にも堤があってここにも円筒埴輪を立てている。規模の点では仲哀陵でもよいが、年代は古墳時代中期末で『紀』のいう仲哀天皇を葬った時とは合わない。

岡ミサンザイ古墳は古市古墳群を構成する主要古墳の一つである。ぼくが注目するのは岡ミサンザイ古墳の北方約一・五キロに津堂城山古墳があり、東方約一・三キロに誉田山古墳がある。これらの二基の古墳はともに岡ミサンザイ古墳よりも前に築造されていた。

先に少しふれたように津堂城山古墳は倭建の墓の可能性があり、誉田山古墳は奈良時代ごろからは応神陵として信仰されてきた。

倭建は仲哀天皇の父、応神天皇は仲哀天皇の子、そのような関係がヤマト政権の中王朝（応神・仁徳王朝）が安定するとともに仲哀天皇のために長野陵を造営したとも考えられる。一つの試案として書きとめておく。

第四章

中期の大山古墳の諸問題

「大山陵」の航空写真の公開

太平洋戦争に敗れて三年めの昭和二十三年、雑誌『科学朝日』（七月号）に大山陵《だいせんりょう》、つまり仁徳陵古墳の航空写真が掲載された。これによって日本最大の前方後円墳の全容が国民に初めて公開された。

朝日新聞社の写真班員が「進駐軍の諒解と援助のもと」撮影に成功したものだという。小さなことだが進駐軍とはオブラートに包んだ言葉、ぼくは占領軍とよんでいる。

それまでは陵の「上空を飛行機で飛ぶことさえも許されなかったことを思えば、まことに大きな時代の変りかたである」と編集部は「まえがき」で述べている。

天皇陵古墳はもちろんのこと、前方後円墳を空から撮影した写真を見たのはこの時が初めてであり、しかも突然に科学の雑誌に掲載されたのであったから、ぼくへの衝撃は大きかった。

この航空写真は、そのころ古墳研究の代表的学者だった梅原末治氏（京都大学教授）が執筆した「世界一の大古墳・大山陵」の一文の挿図の形で発表されたのだった。注目してよいのは梅原氏も雑誌の編集部もともに「大山陵」を遺跡名としていることである。

天皇陵古墳の航空写真が公開されただけでなく、被葬者の名をつけた仁徳陵を遺跡名にしなかった点にも新しい時代の到来を感じた。のちぼくが仁徳陵古墳を大山古墳とよぶようになる遠因は、昭和二十三年に大山陵の航空写真を見た時の感激に端を発しているのである。感激は次々と新しい研究を生んでいく。考古学の成果はパソコンの前に座っているだけでは生まれるものではない。

市民大学講座で使った大山古墳

昭和二十年ごろのぼくは、日本一巨大な前方後円墳に仁徳天皇が葬られていることに何の疑問も感じていなかった。しかし考古学の道を歩き始めると、自分なりに仁徳天皇を葬っているということを証明しなければ不安がつきまとう。先輩学者の著書には、そのことはどなたも触れていなかった。

ある時、古墳研究で名を知られている学者（梅原氏ではない）に〝どうしてあの古墳が仁徳陵なのでしょうか〟と質問した。その学者はきょとんとして暫く沈黙をつづけたあと〝あれだけ大きければ間違いないよ〟と答えた。ぼくはこの疑問は自分で考えるほか答えは出ないと思った。

他人から見れば些細なことにみえそうだが、まず〝宮内庁が仁徳陵に治定している古墳〟の意味で仁徳陵古墳とした。高松塚古墳に壁画の見つかった直後の座談会が最初で、昭和四十七年のこと、初めて仁徳陵古墳の航空写真を見てから二十四年がたっていた。

昭和四十九年九月二日に、ＮＨＫの教養番組として一週間連続で古墳文化の諸問題を扱った。この講座で仁徳陵古墳を遺跡名に使ったら〝ＮＨＫもここまで認めたんですね〟と何人かから激励の手紙をもらった。仁徳陵と仁徳陵古墳、たった二文字があるかないかの違いだが、多くの人に影響をあたえたようだった。

そのころ、東京在住の宮内庁の陵墓担当者から個人的な手紙が届いた。〝法律で仁徳天皇陵となっているのに、勝手に古墳をつけ古墳扱いにするのはけしからんことだ〟と激しい調子で書いてあった。この手紙は今も記念として手元にのこしてある。

ぼくにはどの点がけしからんのか、その人の立場は別にして、心当たりはなかった。それと言論とか学問の自由ということの分らない人だとも思った。

昭和五十八年、NHK市民大学講座を四月から九月までの半年間、二十六回を担当することになった。テーマは「日本の古墳文化」である。アナウンサーなしで、五十九分間を一人でしゃべる。しかも五十九分でぴたりと終らねばならない。のこりの一分に予告が入る。ぼくはフロアディレクターに、「あと五分」と「あと一分」の紙を示してもらってメモだけで話を進めて纏《まと》めた。

この講座では、先に二十六回分の各テーマと内容を書いて、NHK市民大学『日本の古墳文化』(日本放送協会)を出版した。これは短期間で執筆したので大変だった。のちこのテキストに手を加えて『古代日本と古墳文化』(講談社学術文庫)となった。

この講座では、まず古墳を見る場合の常識をさまざまに説明してから、副葬品についての必要な知識を解説したあと、「被葬者と古墳の年代」の問題に入った。「東アジアの古墳」の次に「天皇陵古墳」を扱い、文久の修陵事業を述べてから「誉田山古墳と大山古墳」の項に及んだ。講座にとって頂上というべきところであり、それに至るまではその頂上へ登るために必要なトレーニングだったのである。

ぼくが応神陵から応神陵古墳、さらに誉田山古墳、仁徳陵から仁徳陵古墳をへて大山古墳へと最終の遺跡名にたどりつくまで、「大山陵」の航空写真を見て知的ショックをうけてから二十六年、つまり四半世紀ほどの年月がかかった。誰にも相談せず頭を絞っての遍歴だった。

幸い多くの人に徐々にではあったがこの遺跡名は受け入れられた。中には大山古墳より大仙古墳にすべきだというような一時的雑音はあった。だが考えてみると昭和二十三年の段階で梅原末治氏が使ったのは「大山陵」であって「大仙陵」ではなかった。

このことにも窺えるように、江戸時代の人は『前王廟陵記』以来、途方もなく大きな陵という意味で大山陵にし、そののち神秘性を加味して大仙陵となり、今では大仙町の町名まである。ぼくは遺跡名をつけるには余分の感情が混じらない方がよいと考える。

宮内庁陵墓図の初公開

昭和三十年三月になると梅原末治氏執筆で「応神・仁徳・履中三天皇陵の規模と営造」の論文が『書陵部紀要』(第五号)に掲載された。この論文は京都大学工学部の高橋逸夫教授や理学部の松下進教授の協力のもとに纏められた。高橋教授は土木工学、松下教授は主として葺石の岩石学と、それぞれの専門知識をもち寄られたのであった。不完全とはいえ学際研究の走りでもあった。

それとともに三つの陵の測量図が付図として掲載され、三古墳について初めて詳細な墳丘図が公開された。

とはいえこれらの図は文久や明治の修陵で工事の手が入った後の測量図であり、それは三古墳の現形を示すものであって原形ではないということである。これには梅原氏は留意されていなかった。

江戸時代の大山古墳は、堺奉行や大坂城代によって保護されてきた。元治元年におこなわれたいわゆる文久の修陵でも、前方部の濠外にかなりの面積の拝所を設け鳥居を立てたり、内濠と二重濠の間の堤の修復などがおこなわれた。このことは「荒蕪図」と「成功図」の比較によって分る。幸なことに墳丘部分について目立つほどの手が加えられた形跡は認められない。

注意してよいことがある。一つは「成功図」を見ても周濠は二重であり、現状のような三重めの幅の狭い周濠はまだないことである。この古墳に三重の濠が繞《めぐ》ると書いた本をよく見かける。これは明治時代後半での改変であって、この古墳の原形ではない。

もう一つ注意してよいことがある。「荒蕪図」は西方つまり側面から墳丘を描いており、「成功図」は前方部の正面から描いている。それによると前方部正面の中段あたりに、土饅頭風の盛土が表現されている。これは整然とした段築のある墳丘の前方後円墳では珍しいことである。

後で述べるようにこのあたりと推定される個所で、明治五年に長持形石棺をおさめた竪穴式石室が出現した。これは堺県令の税所篤《さいしょあつし》のおこなった計画的発掘とぼくはみているが、今日ではその個所の盛土は無くなり、整然とした段築になってしまっている。これは明治時代後半での整備によったことどぼくはみている。

明治五年の大山古墳の発掘

明治五年（一八七二）といえば、新政府となってからまだ日は浅い。江戸時代の堺は幕府の直轄地として堺奉行が差配していた。新政府になると、もと薩摩藩士だった税所篤が堺県令になった。

堺県はもちろん今日はなく、明治初年に和泉国と河内国の一部に置かれ、一時は奈良県をも合併していたこともある。一八八一年まで存続した。

このように新政府も堺の富を重視していたとみられる。税所は大久保利通《おおくぼとしみち》とも親交が深く、司馬遼太郎氏の筆をかりて小説風にいうと「お前さアらは、天下のために心ゆくまでつくせ。金穀のことは俺にまかせておけ」（『翔ぶが如く』）という具合だった。ここでの俺とは税所のこと、お前さアらとは大久保や西郷隆盛《さいごうたかもり》である。

このように考えると、税所の堺県令とは並の県令とは違って、バックが強大だった。さらに考えられることは、織田、豊臣、徳川の政権が都市としての堺を重視し直轄支配をおこなってきた。新政府も堺県令の税所に大きな期待をしていたようにぼくは考える。そのことがこれから述べる大山古墳の発掘事件の背景としてありそうなのである。

税所が堺県令として赴任してくるのは一八七一年十一月だったが、早くもその翌年の春に大山古墳での事件がおこっている。少し長くなるが関係史料（『堺研究』六号）を掲げよう。

当県大鳥郡仁徳御陵ノ義、諸鳥ノ巣窟ト相成、汚濊不潔ノ姿ニ立到候処ヨリ、鳥糞取除清潔行届候様 仕度《つかまつりたく》、当四月十四日、伺出候処、御聞届相成、此節掃除取掛リ候折、御陵内掃除ノ路筋、高サ四間計ノ所ニ至リ、大ナル磐石ノ傍ニ小石等有レ之取払候処、右大石ノ下タ空穴ニテ覘見《のぞきみ》候処、甲冑幷剣其外陶器類且広大ノ石櫃有レ之、一面ノ石蓋ニテ何レモ貴重御品ト見請、早速掛リノ者ヨリ届出、早々出張、現場相改候処、申出通無二相違一、依テ空穴ノ義ハ則厳重閉塞致シ置候ヘドモ、掃除中兼テ出張申付置候番卒、猶護守致サセ置申候。就テハ御見分ニテモ可レ有レ之哉、従前之通、土石相覆 弥《いよいよ》清潔到置可レ然哉、至急御下知被レ下度候。

以上

壬申　堺県七等出仕　田代　環

堺県参事　藤井千尋

堺県令　税所　篤

教部卿　嵯峨　殿

教部大輔　宍戸璣殿

この史料での「壬申」は明治五年である。言訳がましい文言だが次のことが分る。

①大山古墳が鳥の巣となり糞でよごれているので、その清掃を口実とした伺を四月十五日に提出して許可されている。

②文中の「高さ四間計」が濠の水面からの高さともみられるが、八メートルほどの盛土があったとも読める。先に「文久山陵図」の「成功図」で指摘した前方部正面中段の盛土のことであろうか。

③石室と石棺は、この清掃行為の進行過程での出現にしていること。もし本当に鳥の糞を取除くだけなら、地下を掘る必要はなかったはずである。

④誰が見ても石棺とわかるのを「広大ノ石櫃」という奇妙な表現にしている。これについては後でもふれる。

⑤政府に官員の派遣を要請していることなどが書かれている。

旧百舌鳥村の筒井家文書では、石室の大石（天井石）は三枚あって、その上に一尺（三〇センチ）ほどの土があって、木や竹が生い茂っていたという。

ぼくの体験では木や竹の根がはびこっていると発掘はなかなか進まない。天井石をそのままにして石室内部へ入るとなると、さらに深く掘らねばならない。石壁の一部（小口壁の南東の隅）を取り除いて、その穴から石室の内部へ入ったのであろう。

これは清掃ではなく歴然とした発掘である。どうやら石室の存在を予め知ったうえでの清掃届だったのではなかろうか。このことはこれから述べる石室発見後の対応ぶりからも明らかとなるだろう。

この発掘は当時話題となったらしく、数点の考古学的な記録がのこされている（ただし宮内庁には何もなく、その点もこの事件の複雑さを示している）。

旧堺の岡村家文書がまずある。これは戦後に大阪市立博物館（現大阪歴史博物館）へ寄贈された。石室の平面図と石棺の断面図、それと石室の位置を示す墳丘の断面図がある。これには中段とみるよりは高まりのある盛土らしきものを描いている。

石室は竪穴式ではあるが、古墳前期の石室のように平面形が細長い長方形ではなく、石棺をいれると前後の空間があまりない石室である。つまり長さと幅の比率は三対二となり、竪穴式石室としてはほぼ最後の時期のものである。さらに石壁の用材も古墳前期のような割石ではなく、丸石（河原石）を使っている。丸石を使った竪穴式石室は堺市（もと黒山村）の黒

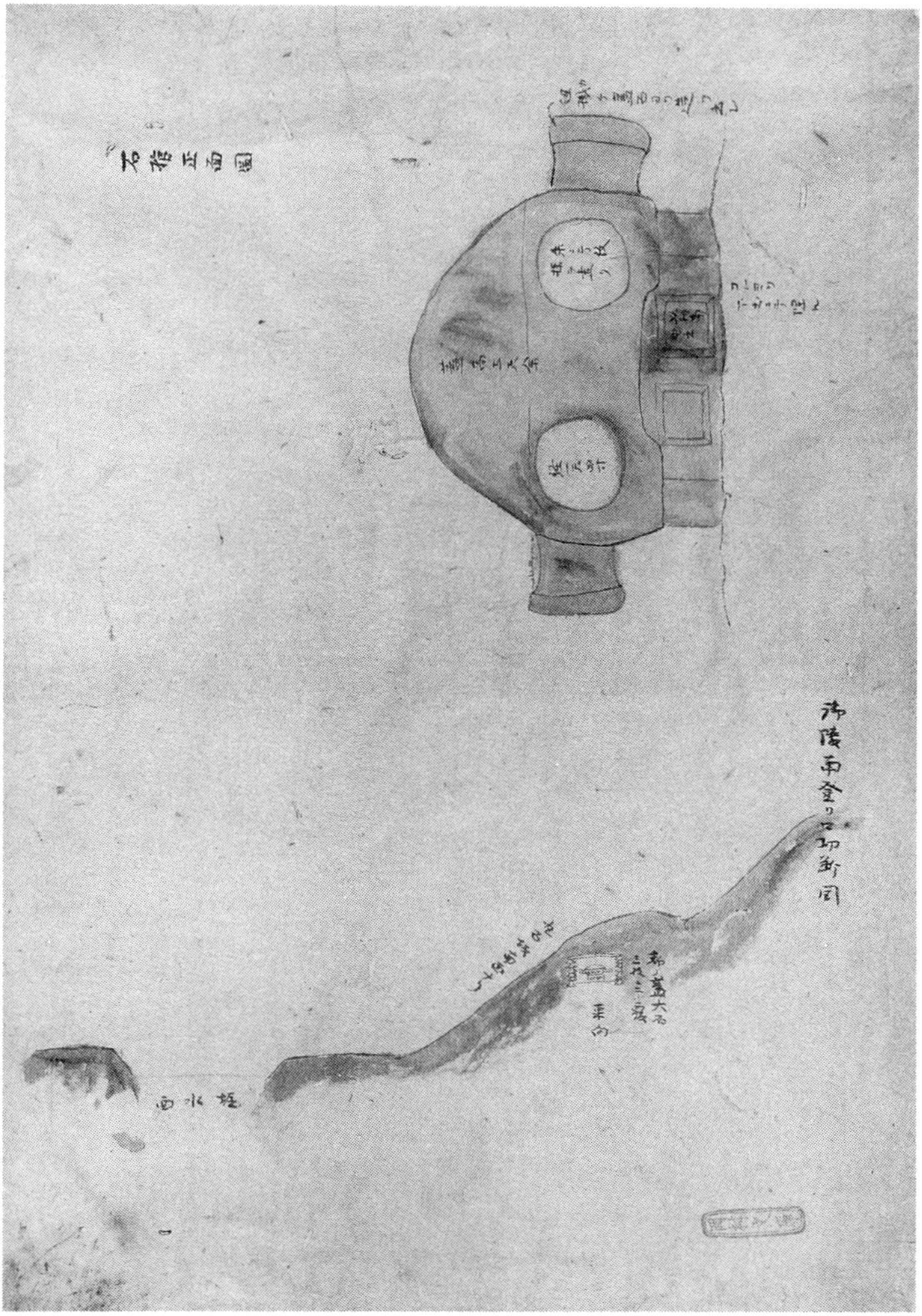

図18　大山古墳前方部出土の長持形石棺と出土地点の断面図（旧岡村家文書）

姫山古墳の前方部にあった。この石室には武具と武器だけを埋納していた。五世紀後半の遺構である。

岡村家文書の「石棺幷ニ石郭《ママ》ノ図」によると、長持形石棺と石室との間の東の小空間に「甲冑幷硝子坏、太刀金具ノ破裂等」があった。石棺の小口板と石室の間の小空間に、甲冑を納めることは古墳前期後半から古墳中期によくあることである。

前方部石室の遺物と異文化の影響

このうちの甲冑の原物は石室に埋め戻したという。しかし幸い筒井家に彩色をほどこした絵巻物仕立ての精密な絵が伝わっている。それによるとまず眉庇《まびさし》付冑と横矧板《よこはぎいた》を鋲留《びょうどめ》にした短甲のあることが分る。眉庇付冑の頂部を飾る受鉢と伏鉢は失われ、それをつなぐ管だけがのこされている。これは当時のスケッチから分る。

甲冑の鋲留技法は古墳中期の後半、つまり鋲留の馬具が現れるころから、甲冑作りにも応用されだした技法であり、それ以前は鉄板を革で綴《と》じていた。この甲冑はどちらも鍍金されている。甲冑の素材は当時の模写図に総体銅鍍金とあって金銅製とみられる。

数は少ないが、鉄板と青銅板とを交互に使った冑も知られていて、四方白の冑とよばれている。金鍍金をしていることに重きをおくと金銅の甲冑とよべる。

この短甲は横矧板を使っており、後胴の最上部の押付板は長さ四八センチ前後の長大な一枚板を使う。このような面積の広い板へ金鍍金をほどこす技法は古墳中期でも後半（末に近いか）になって可能となる。

以上に加えて、この冑には歩揺《ほよう》を全面に垂下させている。歩揺は中国北方、つまり塞外《さいがい》にいた鮮卑《せんぴ》族が盛んに用いた装具で、鮮卑のなかの雄族の慕容部は歩揺を多用する習俗からついた言葉という説がある（『晋書』載記の慕容廆《ぼようかい》の項）。なお歩揺が仏教に用いられると瓔珞《ようらく》となり、個々の形からでは歩揺との区別はつかない。鮮卑族は五世紀になると北魏《ほくぎ》を建国した。仏教が盛んで北魏の習俗が仏教に影響をあたえたのであろう。

このように大山古墳前方部出土の短甲は古墳前期からの変遷をたどりながら発達してきたのである。眉庇付冑の源流は高句麗《こうくり》にあって、この種の冑に歩揺を着けたことは、中国北方の鮮卑系の文物が朝鮮半島を南下して近畿にもたらされたとみてよい。

くどいようだが一口に大陸文化とその影響といっても、時期によって、さらには日本列島の地域によって、大陸のどの辺りに源流をもつ文化なのかの見定めが必要となる。

長持形石棺の東の小空間に、甲冑とさらに「硝子坏」があった。当時の別の文書では「玻《は》璃《り》器」とも記している。玻璃は瑠璃《るり》ともいい、ガラスのことである。

ガラスの玉は弥生時代にも使われている。使っているだけではなく、福岡県や大阪府の弥生遺跡ではガラスの勾玉を作るための土製の鋳型が出土している。東北北部（青森県）の縄文晩期の遺跡ではガラス小玉が出土している。ただし東北北部の縄文晩期は、暦年代では弥生前期に並行している可能性はある。

一昔前までは日本列島にガラス製の器が現れるのは古墳後期からとする見方があった。ところが昭和三十七年（一九六二）から始まった奈良県橿原市の新沢《にいざわ》千塚古墳群での五か年に及ぶ調査は、そのような常識を改める成果を生みだした。それはこの調査の二年めの昭和三十八年夏におこなった新沢千塚一二六号墳での発掘である。

この古墳は小型の長方形墳で、木棺を封土中に直葬していた。金や銀製の装身具で全身を飾っていたが、出土位置によってそれぞれの用途もほぼ確かめられた。

全身をおおう金製の歩揺は三八二個あった。これは小玉とともに衣類や靴にとじつけていたのであろう。さらに頭部近くにあった金製の方形冠金具の四周にも歩揺を垂下していた。

この木棺内の頭部の横に切子文で全面を飾った白色のガラス製碗と、もと金彩で全面に絵を描きそれを落した痕跡のある紺色のガラス製皿があって、一組になって出土した。碗は小壺といってもよい。

これによって日本列島でのガラス容器の使用が五世紀後半にまで遡った。さらにガラス碗と皿の組合せとなると、明治五年の大山古墳でのガラス器の出土が改めて注目されだした。

残念ながら大山古墳のガラス器は埋め戻したのかあるいは早くに散逸したのか、現物は伝わっておらず、さらに甲冑のような模写図ものこっていない。

新沢千塚一二六号墳の発掘がおこなわれた昭和三十八年ごろには、中国の北朝や南朝の古墓でのガラス器の埋納の実例が知られはじめた。新羅の古墳でもかなりの数のガラス器が出土し、東アジアでのガラス器の使用例が地域ごとに分りだした。さらにガラス研究者の由水常雄氏によって、ユーラシア大陸全域にわたってのガラス器の伝播なども知られるようになった。それらの恩恵をうけて新沢千塚一二六号墳のガラス器の研究は順調に進んだ。

ぼくも報告書を作る段階で、ヨーロッパでのガラス器の出土例をこの目で確かめたく、さらにガラス器研究の盛んなアメリカのコーニングの研究所にも出かけるなどして、昭和五十二年に『新沢千塚一二六号墳』を奈良県から刊行することができた。

その際このガラス碗は、六、七世紀のササン朝ペルシャのガラス碗が厚手であるのにたいして、たいへん薄く、そのような白色の薄手の碗で全面を切子文で飾るのは、ヨーロッパのローマの領域で製作されたいわゆるローマガラスであることもほぼ突きとめることができた。

こうなってくると明治五年の大山古墳のガラス器との比較が一層重要になってきた。

堺市の菅原神社の神職の古川躬行《みゆき》は、明治五年の石棺出現のころ現地と遺物を実見していて、筒井家文書に明治五年十月十一日に記した意見をのこしている。それによると「玻璃器二ツ出現セリ（玻璃如レ壺無レ蓋物一ツ、白玻璃如レ皿物一ツ）。凡ソ玻璃器ハ仏殿七宝ノ内ニ加ヘ、身毒ノ発見最古ト申説モ有レ之。此御代漢土ハ東晋ノ世ニテ、西洋諸国ノ航海モ有マジク、然ラバ此器ハ印度製ニシテ、流沙砂漠ヲ経テ支那ヘ達《わた》リ本朝ヘ入リタル者ニヤ。実に上古ノ珍器ト被レ存候」とある。

黒川眞頼氏が「日本玻璃七宝説」（『黒川眞頼全集』三、一九一〇年）のなかで大山古墳のガラス器について、「一つは瑠璃色にて壺の如きもの、一つは白色にして皿の如きもの」と記している。ここでいう壺とは碗とみてよかろう。黒川氏は明治初年の美術史家であり国学者でもあり、宮内省にも勤めていたからこのガラス器のことを知っていたのであろう。

このように大山古墳でもガラス器は碗と皿とが対になって出土していたのである。この二人の観察どおりとすると、色は新沢千塚一二六号墳のガラス器とは皿と碗とで逆になっている。どうやら大山古墳のガラス器もはるばる運ばれてきたローマのガラス器だったようである。

ローマのガラス器は、インド洋から東シナ海をへていわゆる海のシルクロードによって日本列島へもたらされた可能性もないではない。だがもっと可能性の高いのは中国北方のステップ（草原）地帯を通って北東アジアに入り、さらに百済か新羅を経由して日本列島にもたらされたとみられている。これは歩揺が伝わった道筋でもある。

中国北方のステップとは、いわゆる騎馬民族の群居した土地で、それらの文物や習俗も、ステップルートを騎馬系諸族がリレー式に先へ先へと運んで伝わったとみられる。

ここで再度、明治五年の石室にあった遺物について述べよう。

アメリカのボストン美術館に、仁徳陵出土とされている銅鏡一面と環頭大刀の柄の部分が伝えられている。ボストン美術館へもたらされた由来などは分らないが、一九〇八年の美術館の台帳にはすでに記載されている。

明治五年には石棺の蓋は開かなかったというけれども、もしこの二点の遺物の出土地に間違いがなければ石棺から取り出された遺物の公算が大きい。

奇妙な短文が発表されたことがある。雑誌『考古学』九巻十一号に載った平林悦治氏の「百舌鳥耳原洪宝録」という短文である。それによると白銅鏡と三個の鈴のついた環鈴や馬鐸、それに環頭大刀の柄を明治二十五年に売りにきた百舌鳥村の老人の話で、その老人はついに出土地は明かさなかったという。

短文に副えられた写真はボストン美術館の遺物と同一とみてよい。ぼくは平林氏の経歴や平林氏がどのような史料によってこの短文を書かれたかは明らかにできなかった。平林が本名なのかペンネームなのかも分らない。謎めいた短文であることは変わらない。

ボストン美術館では、鏡一面と環頭の着いた柄頭には「仁徳陵出土・五世紀」のラベルがつき、馬鐸と環鈴には出土地のラベルがなく年代を三、四世紀にしている（一九七六年十一月に実見）。だが馬鐸と環鈴も甲冑やガラス器とさほどの年代差はなく、一括遺物だった可能性が高い。梅原末治氏はボストン美術館の仁徳陵関係遺物のうち、鏡と環頭大刀の柄を日本の学界に紹介された（「仁徳天皇陵出土と伝える鏡と環頭刀柄」『大和文化研究』二―五、一九五四年）。

銅鏡は直径二四センチ、重さ二キログラムある大型鏡で鏡式名は細線式獣帯鏡である。鏡の面にはさびで織物が付着していて、織物で包んで埋納していたことが分る。梅原氏はこの鏡は日本で踏み返した同型鏡との疑いをのこしていて、年代は後漢《ごかん》のころ、一、二世紀の間とみている。これから述べるようにこの年代観には大きな修正が必要で、最近は五、六世紀の鏡とみられるようになった。

斯麻王大墓の発掘

梅原氏が伝仁徳陵出土の鏡の論文を書いてから十七年がたった一九七一年に、韓国の公州郊外の宋山里で百済国の斯麻王の大墓（墓誌の銘文による）が発掘された。斯麻王の諡名は武寧王であるが同時代史料の墓誌ではまだ武寧王や陵の字を使っておらず、ぼくは斯麻王大墓を遺跡名にしている。シマとは日本語のようだと感じるだろうが、『紀』の武烈天皇四年の条では武寧王は諱《いみな》を斯麻王といい、父が〝筑紫嶋で生んだので嶋（斯麻）王という〟とあったが、その名が墓誌に刻まれていたのである。

斯麻王は五二三年に死に王妃と合葬された。東アジアでも年代と被葬者が確実に分る古墳として考古学では定点として用いている。

斯麻王大墓は封土の規模は小さい。今は直径二〇メートルほどの円墳に復原されてはいるが、これは元の状態ではない。六世紀前半の古墳としては珍しく墓誌や売地券を埋めていた。墓室は蓮華文で飾った塼《せん》で構築されていて中国の南朝の墓制が強く影響している。

副葬品は南朝や北方アジアのものなど多方面の影響が強い。四面の銅鏡を副葬しているのは、『紀』の伝承のように日本との関係のあった人物ならではの想いがする。というのは朝鮮半島の古墳では、複数の銅鏡を副葬した例は稀であるからである。

斯麻王大墓出土の四面の銅鏡のうちの一面は、後漢の方格規矩鏡を踏み返しの原型に使っている。珍しいのは鋳型に写した原型の文様の上に新しく人物や獣形を重ねて鋳造していることだ。つまり原鏡は後漢鏡だが、文様を付加して踏み返したのは五世紀後半から六世紀初頭の間とみられる。また踏み返しをおこなったのは、中国ではなく百済ではなかろうか。このような文様を重ねる技法の踏み返し鏡は、まだ日本列島には類例がない。

四面のうちに二面の細線式獣帯鏡がある。一面は直径二三センチの大型鏡で、もう一面は直径一八センチの中型鏡であり、これからは大型の細線式獣帯鏡を話題に取りあげる。

大型の細線式獣帯鏡は内区に七個の小乳を配していて、これとの同型鏡とみられるものが群馬県高崎市の綿貫《わたぬき》観音山古墳で出土している。六世紀後半の前方後円墳で、石室には豪華な副葬品があり、墳丘にはさまざまの埴輪が配されていた。

この大型の細線式獣帯鏡は後漢ごろの原鏡を五、六世紀に日本列島か百済で踏み返したとみられ、百済の斯麻王大墓と上野の綿貫観音山古墳に分有されて副葬されたのである。

これらと同型鏡ではないものの、大きさや文様の似た細線式獣帯鏡に、仁徳陵出土のボストン美術館蔵品がある。さらに六世紀初頭の百済的な装身具を出土したことで名高い熊本県菊水町の江田船山古墳の銅鏡や奈良市大安寺村出土と伝える一面が知られている。大安寺村の杉山古墳か野神古墳の出土とみられる。なお一九七三年に刊行された『武寧王陵』では、斯麻王大墓と同型鏡を出土した古墳を「群馬県高崎市の観音塚古墳」としているが、それは間違いである。高崎市にはほぼ同時期の前方後円墳として観音塚古墳と綿貫観音山古墳が存在し、大型の細線式獣帯鏡が出土したのは綿貫観音山古墳のほうである。

それと斯麻王大墓出土の銅鏡を三面とする本が多い。発掘の直後に現地を訪れ、墓室を実見することもできた。そのさい複数の発掘関係者から銅鏡は四面あって、そのうちの内行花文鏡は破砕した状態で出土したと聞いた。そのような次第によって、ぼくは出土鏡を四面としている。

『紀』の神功皇后の摂政五十二年の条に、百済の久氐《くてい》らが来日して〝七枝刀一口と七子鏡一面を献じた〟とある。七枝刀とはヤマトの石上神宮に伝わる七支刀とみる説が有力で、七子鏡とは細線式獣帯鏡とみる説もある。『紀』の伝承が史実を伝えるとすれば、踏み返しの多いこの種の鏡に百済製もあることになる。このことは後考に待つこととする。

斯麻王大墓の王の遺骸の左側に長さ八二センチの環頭大刀一口が副葬されていた。伝仁徳陵出土の環頭大刀と似てはいるが、金銅製の環頭の作りは斯麻王が持っていた大刀のほうがはるかに丁寧に作られ、環頭の内側にあるのは単竜文だと分る。

環頭大刀は中国や朝鮮半島に先例はあるが、日本列島で大流行していて、すでに百二十例が出土している。伝仁徳陵出土の環頭大刀も六世紀前半での製作とみるのが多数意見であろう。

このように大山古墳前方部の石室の出土遺物には、ヤマトの新沢千塚一二六号墳や百済の斯麻王大墓と共通する文物が多く、年代も接近していることが考えられる。それは史料から割出された倭王讃《さん》(仁徳天皇とみる説が有力)の生存した五世紀前半とは、少なくとも半世紀から一世紀近く食い違っている。

大山古墳前方部の石室の被葬者の性別はまず男性とみてよかろう。新沢千塚一二六号墳の被葬者は多彩な装身具や頭部の外側に置いた南朝製とみられる銅製の熨斗《いと》(のし)からみて女性だったと推定される。斯麻王大墓には王と王妃が合葬されていたが、幸い遺物の出土位置によって、王（男性）に属した遺物と王妃（女性）に属した遺物とが区別できた。先ほど述べたように環頭大刀は王の持物としての副葬品である。

ここでもう一度、岡村家文書の「石棺幷ニ石郭ノ図」を見よう。石棺の東方には〝甲冑と硝子坏、さらに大刀金具の破裂〟があった。破裂とはこわれた破片とみてよかろう。それにたいし石棺の北東には「金具存セザル鉄刀二十口斗《ばかり》」があった。

古墳前期や中期に数十口の鉄刀（剣も）を埋納することは珍しくない。それらの大部分は環頭を着けておらず、それに一々〝金具ノツカナイ刀〟とは書かない。

このことから推理すると石棺東方には、金具のついた刀、つまり環頭大刀が置かれていたとみられる。柏木が石室に入って図面を作った時には、すでに環頭大刀は持出されていて、おそらく柄の部分を巻いていた銀線の一部が脱落し、それが「大刀金具の破裂」として記されていたのであろう。

このように考えるとボストン美術館蔵の銅鏡と環頭とは、伝承のように大山古墳の出土品の可能性が高い。

先ほど紹介した謎の平林氏の一文では、これらの遺物が売りに出されたのは明治二十五年としている。もしそれが正しければ、明治五年に発掘されてから二十年間は百舌鳥の近くのどこかに隠匿されていたのであろう。なお明治二十年代に百舌鳥古墳群の主要古墳がひそかに発掘され、遺物が取り出されたような形跡はまず無かろう。

すでに前文を引用した石室発掘のあとで堺県から政府に出した文書では、石室のなかにあったのを石棺とはせずに石櫃にしていた。これはどういうことであろうか。

考古学の常識では、前方後円墳の主（被葬者）は後円部に埋められる。宝暦《ほうれき》七年（一七五七）に著された『全堺詳志《ぜんかいしょうし》』には、この古墳の北の峯（後円部）で石棺の蓋が見えたとあり、貞享《じょうきょう》二年（一六八五）に堺奉行がその棺を囲んで竹垣をめぐらせた（古川躬行が書いた文書）。つまり明治五年のころには仁徳天皇は墳丘の北の峯、つまり後円部に埋葬されていると思われていた。とすれば前方部の石室に埋葬されていたのは誰なのだろうか。

記紀によれば、仁徳天皇の皇后は磐之媛だった。葛城の豪族の葛城襲津彦《そつひこ》の子である。仁徳天皇は磐之媛を愛してはいたが、こともあろうか父応神天皇の子の矢（八）田皇女をも妃にしようとした。矢田皇女は山代の豪族和珥臣の祖日《ひ》触使主《ふれのおみ》の娘宮主宅媛《みやぬしやかひめ》に若き日の応神天皇が生ませた子で、仁徳天皇と異母兄弟だった。磐之媛が憤死したあと、仁徳天皇は矢田皇女を皇后にはしているが亡くなった年や葬られた土地を記紀は書いていない。

そのような次第だから、大山古墳にもう一つの埋葬があるとなると誰の頭にも第一に浮かぶのは矢田皇女だった。だが仁徳天皇はその諡号も示すように仁と徳のある聖君主であって、矢田皇女のことは世間に知られたくなかったのであろう。そのことがあって、苦しい言い訳になったのが、石槨であって人をおさめた石棺ではないと強弁されたのであろう。

前方部の石室内の石棺を石槨だと強弁したのは東京から派遣されてきた世古延世《せこのぶよ》らの教部省の役人だった。そのことを古川躬行が記録している。筒井家文書の一部を要約しよう。去月（九月）大山陵の初級山頂南方が崩壊し丸石で築造せる槨の中から石棺・甲冑・刀剣・玻璃などが出現、今般教部省官員が検査し次のような考えを説いた。「仁徳朝にはまだ石棺の製造はないし、甲冑も後代のもので、石槨の中は宝器だけで柩《ひつぎ》はない」とした。このあと古川は、そのころ棺があったこと、甲冑も上古のもので、石槨ではなく石棺で、仁徳の皇后の矢田皇女の柩ではないかと意見を付している。古川説のうちの被葬者矢田皇女説以外は当然の考えといってよい。

このように東京から派遣された役人と堺の市民とでは出現した石棺をめぐっての見解が対立した。税所は内心では古川説に賛同していた節がある。このことについてはあとで述べる。

新政府は、仁徳陵前方部での石棺の出現には困ったようである。堺県公文録では翌年（明治六年）五月二十八日付で、次のようなきびしい内容の文書が届いたことを記録している。

仁徳天皇御陵へ水鳥類相集り、樹木追々凋枯致、且鳥糞ノ汚濊モ恐入候次第ニ付、御陵内御掃除ノ義、去年中本省ヘ御掛合有レ之、則評議ノ上御伺ノ通承置《うけたまわりおき》候。然ルニ、過日巡視ノ節、御陵内致二検査一候処、御掃除以相済不レ申候哉、御在所近傍迄枯竹等猥《みだ》リニ取散シ甚以御不体裁不レ堪二恐縮一候。就テハ、御掃除ノ義、是迄ニテ御差止メ、仮小屋ハ勿論、御構中ニ有レ之候小舟二艘共御引揚ゲ、前々ノ通雑人不二立入一様早々御処置有レ之度、此段及二御掛合一候也。

明治六年五月廿八日

この文書では、石室や石棺のことには一切ふれておらず、本来の申請にそって清掃のことに限ってふれている。どうやらその清掃も実際におこなったかどうかはこの文書からでは疑問がある。墳丘内の仮小屋と小舟を撤去させたことは、言外に発掘的な行為の中止命令のように思える。

税所が後日明かした本心

後日談がある。国文学者の落合直文が明治八年四月に堺県へ行って税所に会っている。税所は甲冑の精巧なことや石棺の荘厳さなどから、前方部石室の被葬者を尋常の人ではなく仁徳天皇かもしれないとの考えを伝えた。前方部にあるのはこの時代には隼別《はやぶさわけ》皇子や住吉仲《すみのえのなかつ》皇子の叛などがあって、その余徒が陵に災をもたらすことを慮《おもんぱか》り、御在所（埋葬場所）をわざと前方部に隠したのではないかと述べたという（「仁徳天皇御器物図解」『国光』一―四）。

明治八年といえば、前方部石室の出現の三年あとのことで、税所は初めから石櫃だとか甲冑を後代のものなどとは考えてはおらず、ことによると被葬者は仁徳天皇かも知れないと考えていたようである。

従来、明治五年の大山古墳前方部での石室の出現を、〝地崩れによった〟とか〝台風による地崩れによった〟と書いていた本が多かった。これは単なる憶測にすぎなかった。だが以上のように当時の公文書を参考にすると、税所の計画的な発掘だったとみるほかないようである。

税所は明治十年十月に、大阪府柏原市の松岳山古墳を堺県の沼田滝を派遣して発掘させている。午前十時に古墳につき午後には石棺から銅鏡二面と勾玉と管玉などを掘り出している。このほか藤井寺市の長持山古墳や奈良市の大安寺村の古墳なども遺物を目当てにした発掘をしている。これを参考にすると、明治五年の大山古墳前方部での石室の発掘で、税所が直接に叱責をうけて古墳の乱掘をやめた気配はない。

大山古墳は二重の周濠をもつ。とくに内濠の幅は広くて深い。このような周濠ができたのちに重量のある石棺や天井石を墳丘内へ運びこむことは困難だったと考える（『巨大古墳』）。

普通は後円部の埋葬が仁徳天皇を葬っているとみられる。そうすると前方部の石室は後円部の埋葬より半世紀余り後になっての追葬とみる人が多い。

そうではなく、ぼくは前方部の石室の年代が大山古墳の造営の時期を示しているとみている。そのような考古学の所見から真の被葬者を割出すべきだと考えている。

先に倭の五王の墓を東アジア的な国際関係から割出した藤間正大氏の説（『倭の五王』）を引いた。古市の誉田山古墳を倭王珍の反正陵、大山古墳を倭王済の允恭陵とする大胆な仮説も、年代的にはかなり近づいている。ぼくは允恭天皇よりもまだ少し後の大王が被葬者ではないかという思いがしている。

大山古墳の周濠と堤と陪墳

大山古墳は墳丘の長さ四七五メートル（四八六メートル）である。最初の数値は梅原氏の算出で（　）内の数値は森の試算である。後円部の直径は両者とも二四六メートル、高さ三〇メートル（三二二メートル）、前方部正面の幅三〇〇メートル（三〇四メートル）、前方部の最高所での高さ二七メートル（三三メートル）である。

墳長だけでいえば日本の前方後円墳では第一の規模である。もっともこの数値は、大正末年に当時の宮内省が皇室の土地資産の台帳とするため帝室林野局に作成させた「仁徳天皇百舌鳥耳原中陵之図」から算定されたもので、厳密にいえば大正末年での大山古墳の現形を示すものであり、本来の原形ではない。それと墳丘の裾をどこでおさえるか、言いかえれば本来の内濠の水面の高さの問題もあって、将来の調査によって多少の増減は生じるだろう。

それはともかく、左右のくびれ部に造出しを具え、その外に広い内濠が繞る。いわゆる周濠を具えた整然とした前方後円墳である。この内濠の幅は北側（後円部）と前方部側（前方部）ともに約七〇メートル、くびれ部での幅はさらに広く、東側で一一五メートル、西側で一二〇メートルある。

内濠はかなり深そうで墳丘に要した土の大半をここから得たとみると、約一〇メートルの深さはあるだろうと梅原氏は推定している。濠の底には泥が堆積しているので厳密な内濠の深さは今のところ不明である。

内濠の外側に幅三〇メートルの内堤が繞る。広大な内濠の水をたたえるための頑丈な堤である。この内堤の内側（内濠寄り）と外側（第二の濠寄り）とに円筒埴輪列が繞る。円筒埴輪は直径三〇センチほどだが高さは不明、それが堤の上面（平坦面）の方から約一メートル内側に立て並べられている。これは中期の前方後円墳では普通にみられることで、墳丘の段においても、段の肩よりは約一メートル内側に円筒埴輪の底に近い部分約三分の一ほどを埋め、全体の約三分の二ほどが地上にあらわれていた。ただし長年の風雨で地上部分はすべて倒壊している。なお中堤での円筒埴輪の遺存状態は昭和二十四年の「アサヒグラフ」一月五日号に写真が掲載された。

内堤をへだてて第二の濠がある。現状では周濠とみてよいが問題が一つある。大山古墳の濠より外に整然と一五基ほどの陪墳が配置されている。陪墳の多くは大山古墳の造営にともなって築かれたとみられるが、後円部の北方と北西にある五基には検討の必要がある。

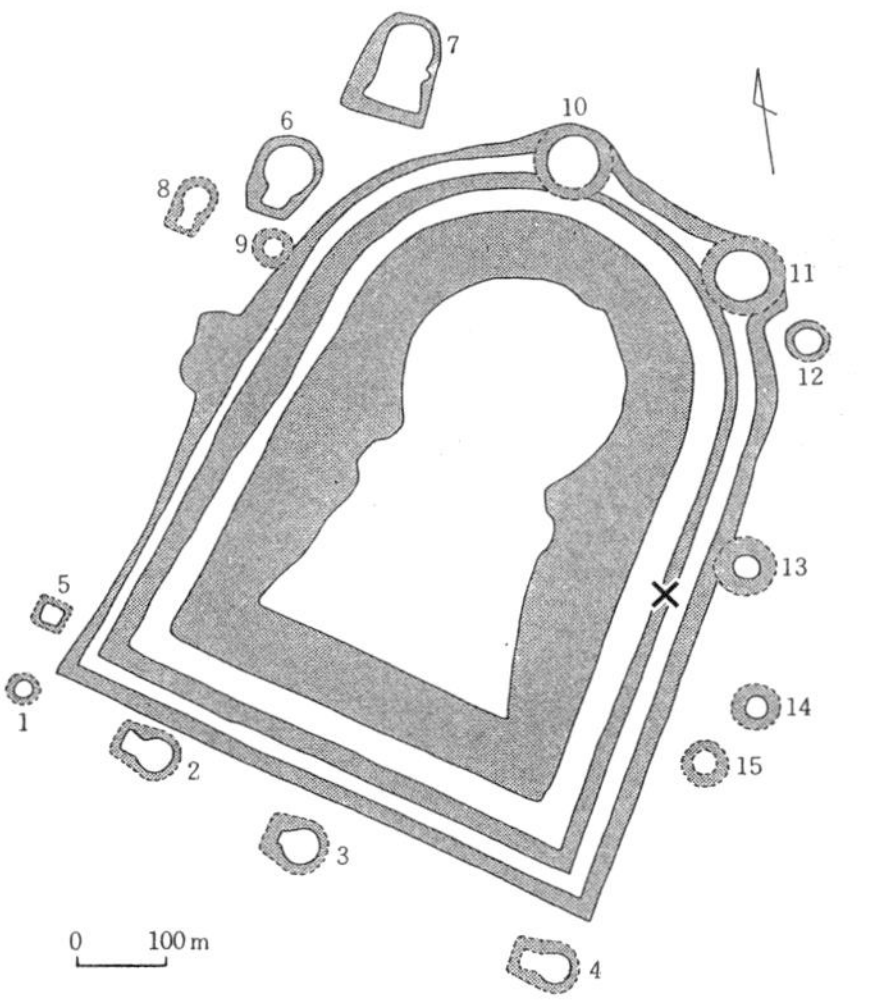

図19　大山古墳の主墳と陪塚（×は形象埴輪群の推定出土個所）

後円部北西の長山古墳（地図の7）、丸保（防）山古墳（6）、丸保山古墳のすぐ南西の名称不詳の一基（8）は、いずれもそれぞれの周濠を具える小型の前方後円墳である。これらの三基は墳形や配置からみて、大山古墳の造営以前からあった古墳の可能性がある。後で明らかになるように大山古墳は百舌鳥古墳群のなかでは最古の古墳ではなく、大山古墳の造営時にはいくつもの古墳がすでに築かれていた。

後円部北方には茶山古墳(10)と大安寺山古墳(11)の二基の大円墳がある。墳丘は茶山古墳が直径五五メートル、大安寺山古墳の直径は六〇メートルがある。中期の巨大前方後円墳では、しばしば後円部の濠外に大円墳としての陪墳が配置されている。大規模な前方後円墳の後円部側の濠外に、大型円墳のある例としては、百舌鳥古墳群でも百舌鳥陵山古墳(現履中陵)の七観古墳(径約五〇メートル)、佐紀古墳群ではウワナベ古墳の大和六号墳(径約二五メートル)などがある。

この二基の円墳の周濠の南の部分が大山古墳の第二の周濠に取りこまれている。切られているといってもよい。それぞれの周濠の北の部分は大山古墳の第三の周濠に取りこまれている。

このうち大山古墳の第三の周濠は後に述べるように明治時代後半になっての新築工事によって生まれたものであるが、第二の周濠との重複は慎重に考える必要がある。

弥生時代の方形や円形の周溝墓が溝を共有している例は珍しくはない。だが大山古墳と二基の陪墳とが第二の周濠を共有していることは周溝墓とは別に考えるべきである。

大山古墳の陪墳の配置が造営時の計画によったとすれば、これらの二基の大円墳を二〇メートルほど北方に造営すれば二基の大円墳は周濠をもった形で築けるはずである。ことによると第二の周濠は、周濠ではなく、大山古墳の前方部側に凵形の濠を設けた可能性もある。

中期の巨大前方後円墳では、しばしば周濠の外の前方部側だけに、さらに凵形の濠を配置することがある。なお凵形の濠を前方部側の周濠外に配した例としては、百舌鳥古墳群の土師ニサンザイ古墳、古市古墳群の市野山古墳、佐紀古墳群のヒシアゲ古墳などが代表例である。

宮内省時代の古市部見廻区域の陵墓監をしていた人に松葉好太郎氏がいた。ぼくは昭和二十年代に太子町で一度お会いしたことがある。松葉氏は大正十四年に『陵墓誌』（古市部見廻区域内）という書物をのこしている。

百舌鳥部には仁徳天皇陵から筆をおこし、「沿革」の項では江戸時代以来の出来事を詳しく述べている。それによると濠に手が入るのは、明治二十二年からである。まず民有地だった東側の二重隍（濠、以下濠の字に改める）を買上げ、明治二十五年から明治二十七年まで「修築竣功」している。

明治二十九年には、村有地または民有地だった現三重濠を全部買上げている。さらに明治三十二年から三十五年に二重濠と三重濠の改修や修築工事をおこない、今日見るような大山古墳の現形が出来上がった。明治三十三年から三十五年の現三重濠の新築工事中に多くの埴輪が出土しており、後でそのことを述べよう。

松葉氏によると、明治三十二年から三十五年の間に大山古墳の三重濠の工事がおこなわれたという。それを裏付ける記事が明治三十三年発行の『考古』（一の五）の雑報欄に「埴輪の発掘」と題して、大阪毎日新聞の七月三日号の記事を紹介している。

「堺市東郊の大仙陵（仁徳帝御陵）にては、宮内省諸陵寮にて予《かね》て継続工事として三重濠を新設する事となり、此の程東西並に南面の堤防並に道路を落成し、引続き濠内を浸渫《しんせつ》中なるが、同陵築造の当時、周囲に建てられたりし埴輪土偶を発掘したるに、馬首の一片弁に鎧の片袖等を掘出せる由にて、何れも古代の紋章ありしと」（傍点は筆者がつけた）。

この新聞記事では「三重濠の新設」としていて、大山古墳の第三の濠は明治三十三年とその前後の新設であったことを裏付けている。たしかに大山古墳の東側の造出しの東方にある塚廻古墳（径約三〇メートルの円墳）の周濠の西側の部分は大山古墳の現三重濠で切り取られている。なお塚廻古墳は土地が私有地だったこともあって、明治四十五年に土地の所有者などで発掘がおこなわれ、途中から著名な人類学者の坪井正五郎氏も参加した。しかし指定のもれた大山古墳の陪墳ということで政府は発掘中止を命じ、土地が公有化された。そのため発掘の報告書はなく、速報的な記事だけしか知られていない。

木板（棺か櫃かは不明）のうえに銅鏡二面、鉄刀と鉄剣が四本、勾玉・棗玉《なつめだま》・小玉・臼玉などが知られている。勾玉のうちの一個は、長さ約六センチの大型のヒスイ製で、その巨大さが注目される。遺物の組合せからみて人体埋葬のおこなわれた陪墳の可能性が高い。

以上で大山古墳の濠と堤と陪墳のことを述べた。

これから試掘をくりかえして確認すべきことは多い。とはいえ〝大山古墳は三重濠で〟とか〝三重の周濠がある〟とかの記述は、大山古墳の現形を述べたのであって、原形ではない。この三重濠は明治三十二年から三十五年の間に「新設」されたのである。

天皇陵古墳については幕末のいわゆる文久の修陵で模様替え（多くは拡張）された例はかなりあるが、明治政府がおこなった例としては大山古墳が目立っている。どうして仁徳陵だけをことさら壮大に見せる必要があったのだろうか。被葬者としてきた仁徳天皇はとくに画期となる役割は果たしていない。ことによると明治五年の前方部での石棺を蔵した石室の人為的な発見が負い目となっていたのであろうか。

明治三十二年とは日清戦争より後である。この戦争に勝ったため、日本政府は清国から多額の賠償金を得て、政府の資金に余裕があったことは分る。でもそれだけだったか。この問題はさらに追求してよかろう。

大日本帝国陸地測量部が明治十八年に測量し二十年に製版した二万分の一の地図がある。百舌鳥古墳群は「金田村」と「堺」の二枚の地図上に現わされている。仁徳帝陵つまり大山古墳には二重の濠が明示されている（後円部北方の部分の一部は道路で埋められている）。

注目してよいのは、大山古墳の前方部側の南西部に二重濠の外側にごく短い間だがL字形の濠がみえる。この濠の東方では百舌鳥村から道がつづき、その道路には水の流れる側溝があったとみられるから、その側溝を利用しての水溜めとも見える。数年前、この部分とは三重濠の工事の途中とする説を発表した人がいたが、三重濠の工事の年とは合わない。またこの部分をもって、大山古墳は元から三重濠をもっていたと強弁する人もいるがもちろん賛成できるものではない。

おそらく大山古墳の第二の濠の外側にも、かなりの幅をもった堤がともなっていたであろう。この部分を利用して明治時代後半に三重めの濠を新設したことはあり得る。要するに今後に研究課題をのこしている。

明治時代には、古墳を細かく観察する点では日本人の学者よりも外国人のほうがはるかに緻密だった。とくに濠にたいする観察では外国人学者の足元へも寄れなかった。

イギリス人のゴーランドは、「たいていの前方後円墳（double mound）には広い濠はあるが、傾斜した土地にある場合には同じ一つの濠でめぐるわけではない」と一八九七年に書いている。傾斜した土地にある前方後円墳とは、行燈山古墳、渋谷向山古墳、五社神古墳などであることはすでに述べた。

ゴーランドはその文に続けて、「和泉の巨大な仁徳陵と河内の藤井寺近くの別の巨大なもの（誉田山古墳）には二重の周濠がある」といっている。ゴーランドが大山古墳を見たのは明治三十二年よりも前であろう。

浜田耕作は日本での考古学の基礎作りに貢献した学者である。浜田は大阪府南部を少年のころしばしば訪れて、遺跡の探訪記をものこしている。京都大学の教授になって間もなくの昭和四年に『博物館』と題する子供向きの考古学の入門書を書いた。そのなかの「上古の帝陵」の項で仁徳陵の巨大さを説明したあと「この御陵のごときは、二重の堀をめぐらし、その周囲には陪塚」があることを述べている。『博物館』は浜田氏の死後に『考古学入門』の題で出版され、誰かが三重の堀と変えているのは惜しい。

このように二人の先学は大山古墳の原形に留意しながら大山古墳の濠のことを書いているのはさすがと思う。

太平洋戦争のあとも、無雑作に大山古墳は三重濠だと書いてはばからなかった人が多いことにくらべ、浜田耕作やゴーランドの態度には敬服すべきである。

アメリカ人のヒチコックも明治時代前半の大山古墳についての記述をのこしている（『The Ancient Burial Mounds in Japan』1891）。ヒチコックは大山古墳の墳丘を東方から撮影した写真も掲載している。その写真によると、大山古墳の墳丘には樹木が茂っていない。

松葉好太郎氏の『陵墓誌』によると、「明治十年頃、本陵（森註、仁徳陵のこと）背後の一部、及東半腹に松杉柏等苗樹植付られたり」とあるし、明治二十年から二十三年には、「本陵に苦竹叢生繁茂し、ことごとく伐採」したとも書いてある。

ヒチコックは大山古墳について「広くて深いのは内濠だけだが、墳丘は二重に守られている」と述べて、さらに前方後円墳が「政府によって美しく改められているのは不幸である。それによって本来の古墳の特色が分らなくなるからである」と古墳の原形を変えることを憂えている。これは現代の高松塚古墳の復原なるものにもいえることである。

大山古墳の埴輪と葺石

大山古墳には、墳丘の三段ある段の端近くに円筒埴輪が繞っているし、中堤にも二重、外堤にも一重の円筒埴輪が繞っているとして、約二万個が使われているだろう。

墳丘の斜面は葺石で覆われていて、その総量は梅原氏は約二六〇三三立方メートルと推算している。このことは大山古墳の造営にさいして、墳丘の土を盛るのに要した労働力に匹敵するほどの労働力が、葺石の採取や運搬に必要だったのであろう。

梅原氏に協力した松下氏によれば、これらの葺石には和泉砂岩や花崗岩が使われていて、石津川や大津川の上流から採取したのだろうと考えている。

ぼくは石津川の地名に注目している。『和名抄』の和泉国大鳥郡には石津郷がある。さらに「仁徳紀」の六十七年の条に、天皇が「河内の石津原に幸して陵地を定めた」話がある。因みに和泉国は古墳時代には河内国に属していた。

この時の伝承どおりとすれば、仁徳天皇が陵の地を決めた時より前に石津原の地名が生まれていたことになる。すでにふれたように大山古墳は最初に百舌鳥野で造営された古墳ではなく、この点は『紀』の伝承と矛盾しない。

仁徳天皇が陵地を定めた石津原へ行った時の伝承とは、〝陵の造営を始めたところ、一匹の鹿が野のなかから現れ労役に服する人たちのなかに入って倒れて死んだ。人々があやしんで死骸を調べると、百舌鳥が耳から飛び出した。よく視ると耳が咋《く》い割《さ》かれて剝《は》げていた。その故事に因んでその地を百舌鳥耳原という〟。

難解な話である。仁徳天皇が石津原に陵地を定めるより七年前に、白鳥陵の陵守らを役丁に使っていた。天皇がその仕事の場へ行ったところ、陵守の目杵《めき》が白鹿になって逃げたという。白鳥陵については後で述べるが、鹿が白鳥陵の陵守の化身だったことは参考になる。

石津川上流で小舟に載せて葺石を運んできたとすると、上石津か踞尾《つくお》あたりで葺石を下ろし、あとは人力で運んだであろう。ということは石津の地名は百舌鳥古墳群の主要古墳に葺石を運んでくることから生まれた地名とぼくはみている。なお踞尾からは石津川と分れた百済川がほぼ西から東に向かって延びていて、この川の北岸に百舌鳥古墳群でも最初に造営された前方後円墳が点在している。百済川を小舟で葺石を運べば古墳の至近の地まで到達できたのである。

葺石の運搬も土師氏の仕事の一部と考えられる。『新撰姓氏録』の「和泉国神別」の項では土師宿禰や土師連の次に「石津連」があって、「天穂日命十四世孫野見宿禰の後なり」と記されている。

石津連が葺石の採取から運搬、さらに石津川や百済川で葺石の荷下ろしのできる津の管理などに携っていたとすると、石津連が土師氏の同族であることも頷ける。

大山古墳の人物や馬の埴輪

宮内庁には大山古墳で出土し採取された人物や馬の埴輪が伝えられている。それらは明治三十二年から三十五年の間に、主として東側のくびれ部東方で発掘されたのであろう。名高いのは頭部だけがのこされている女子の埴輪で、これは類例の多いいわゆる袈裟衣を着用した巫女の埴輪とみられる。

馬形埴輪は頭部だけの破片が二個あって、馬形埴輪としては古墳に採用されたほぼ初期の遺品である。二個とも鼻革・顎革・頬革・頂革《うなじかわ》は忠実に表記されている。しかし馬具に多い轡や鏡板など金属製の部品はなく、頭絡だけで馬を制御したことが示されている。

頭絡だけの馬具とは古いのに加え、馬の肉体に疵《きず》をつけないという配慮のもとに飼育された馬ともみられる。ということは戦で使う馬ではなく、重要な神祭りに使う犠牲馬だったのかもしれない。五世紀ごろ以降に、何らかの神祭りにさいして犠牲となり、そのあと埋葬された馬の例は各地で知られていることから考えた。

円筒埴輪は墳丘の段の端や濠の堤の端に立て並べることが多い。これにたいして人物埴輪を含む形象埴輪は、後円部頂上で使われることもあるが、濠の外に特別の区画をこしらえて、そこに配置されることもある。

福岡県八女市にある岩戸山古墳は、北部九州で最大規模の前方後円墳である。さらに『筑後国風土記』に詳しい記録のある筑紫君磐井の墓とみられている。『紀』には「筑紫国造磐井」と記されているが、『紀』や風土記での記載を参考にすると、外交権・徴税権・裁判権をもっていて、地域国家の王であったと推測できる。

風土記によると磐井の墓の東北の角には別区があって、ここに裁判をする解部《ときべ》と裸の盗人さらに盗んだ猪などの石造物（埴輪と同じ石製の人や品）を配置し、人民に王が悪者を裁かせている場面を再現している。さらに風土記ではこの別区を衙頭《がとう》とも政所《せいじょ》ともよんでいる。

岩戸山古墳では、実際に墳丘外の東北に方形区画があって、ここから石人をはじめとする石造物や埴輪が出土している。

岩戸山古墳での別区の位置は規則化したものではなく、古代の道路、つまり道を往来する人から見える場所に設定されたとぼくはみている。

近畿地方の巨大な前方後円墳の場合、まだ濠の外部まで調査の範囲をひろげた例が稀で、別区的な区画の見つかった例はない。

大山古墳の第二の濠から西方へ二〇〇メートル離れた堺市陵西通で、昭和三年に住宅地への開発にさいして鳥の頭部、人物の頭部、短甲を着用した人物の胴、猪の埴輪が出土した。小型の土製の馬一点があった。これは年代が下るようである。これらの遺物のうち猪形埴輪は故前田長三郎氏の採取品である。京都大学の考古学教室に出陳してあったが、戦後間もなく前田氏が手元に置くことになり、その依頼をうけてぼくが前田氏の疎開先へ届けたことがある。その夜、父に頼んで描いてもらったスケッチがある。猪のようであるが犬のようにも見える。なお陵西通での埴輪の出土状況については、記録はなく遺物の出土範囲も不明である。さらに大山古墳の埋葬と同時期か少し後になっての祭祀かもしれない。年代はともかく大山古墳にともなう埴輪群の可能性は高い。

明治三十二年から三十五年の間の第二の濠の改修と第三の濠の新設にさいして、女子埴輪の頭部や馬形埴輪の頭部などが出土した。これは墳丘から濠に落ちこんでいたのではなく、くびれ部東方で第二の濠の外堤付近に一群の埴輪を配置した区画があったのだろうとぼくは最近考えるようになった。これについては後で述べる高槻市の今城塚古墳（継体陵だろう）での最近の埴輪群の出土が参考になる。

大山古墳の小結

大山古墳は有名な割には問題の多い古墳である。まず〝墳丘に三重の周濠がある〟というのは現形でのことで、周濠といえるのは厳密には本来は一重だった。第二の濠も前方部側で凵形に配置されていた可能性がある。

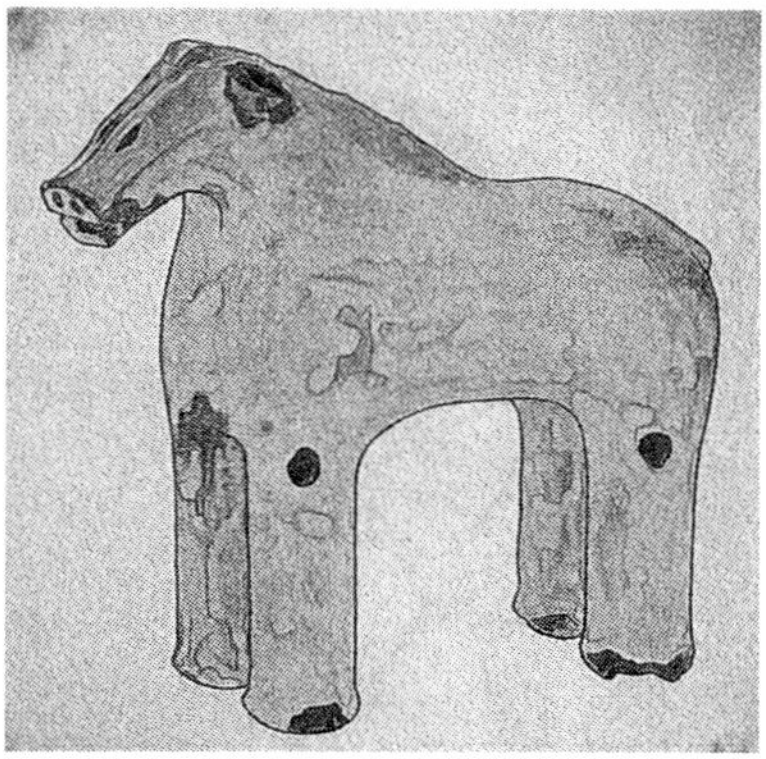

図20　陵西通出土の猪埴輪のスケッチ（森於菟次郎画）

従来は追葬と推測されていた明治五年に出現した竪穴式石室におさめられた長持形石棺は追葬ではなく、後円部にこの古墳の被葬者を埋葬し、まだ広大な内濠が掘られるまでの埋葬、いいかえれば後円部とさほどの年代差はない同時埋葬とみた。幸い副葬品がよく分るので、五世紀後半から六世紀初頭の埋葬とみた。

後円部の被葬者は、倭王済の允恭天皇か倭王武の雄略天皇が候補となる。前方部の石棺の被葬者も候補はあるだろうが、副葬品からみて男性とみてよかろう。以上のことに可能性があるのであれば、記紀や『延喜式』の天皇陵関係の記載はあくまでも奈良時代や平安時代前期での政府の掌握の実態を示すもので、古墳時代までさかのぼるかどうかについてはさらに考究の余地がある。

第五章
百舌鳥古墳群の形成と陵山古墳

一　大墓地域の古市と百舌鳥の古墳群

前章では大山古墳についてぼくが知っていることを洗いざらい吐露した。その結果、この古墳の被葬者を仁徳天皇とする世間の常識に疑問が多々あることを表明することになった。先学たちが大山古墳を仁徳陵として古墳研究の定点にしてきたことも、ぼくは御破算とするほかなくなった。大海に浮かぶ小舟で見えない陸地を探るように、ぼくの頭は混乱しだした。

ここで考古学の常道に戻って、百舌鳥古墳群が形成される過程での大山古墳の位置を探りたい。さらにいえば今日でこそ和泉国の百舌鳥古墳群と河内国の古市古墳群を別個の古墳群として分けている。だが古墳時代には和泉国はまだなく河内国に属していた。つまり同一の国のなかの、東にあるのが古市古墳群で西にあるのが百舌鳥古墳群である。

これは広範囲の一大墓地域が予め設定され、その内部で次々に古墳が造営され、両古墳群のほぼ中央の空白部に河内大塚古墳を造営して約二百年に及んだこの大墓地域での造墓活動が終ったとも考えられる。陵墓参考地の河内大塚古墳は、墳丘の規模でいえばわが国の前方後円墳のなかの第五位の巨大古墳である。

先に少しふれたように敏達天皇の皇后であった炊屋姫が、推古天皇になってから昔の夫(敏達)のために造営したのであろう。墳丘や周濠の規模が五条野丸山古墳に似ているのもそれなりの理由があるとぼくはみている。さらに狭山池もこの古墳の周濠への給水が造営目的の一つだったとみるようになった。

百舌鳥古墳群と古市古墳群が本来は一大古墳群となるはずの同じ墓地域だったとする見方は、これからの記述のなかで重要となるだろう。

例えば百舌鳥古墳群内の百舌鳥陵山古墳(現履中陵、以下この章では陵山古墳と略す)と、古市古墳群の誉田山古墳や仲津山古墳との墳丘に相互の関係があること、ひいては造営年も接近しているとみられ、研究の手がかりがあるからである。

古市古墳群と百舌鳥古墳群では、それぞれ最大規模の盟主墳として誉田山古墳にたいして大山古墳が東西に位置している。それに加え応神陵の伝承のある誉田山古墳にたいして、百舌鳥古墳群にも御廟山古墳があって、応神陵の空墓とか最初の墓の伝説がある。さらに誉田山古墳のかたわらに誉田八幡宮があるように、御廟山古墳のかたわらにも百舌鳥八幡宮という古社がある。

百舌鳥古墳群のなかの巨大前方後円墳として、最初に造営されたのは陵山古墳である。では陵山古墳より古い前方後円墳が百舌鳥古墳群内にあるのか、ないのかについてまず述べよう。

石津と石津原の前方後円墳

先ほど石津と石津川の重要性を述べた。石津川は戦後しばらくまでは蛇行のきつい川だった。一九五四年に蛇行部分を直線流路に改める工事がおこなわれ、工事中に弥生時代後期から古墳中期におよぶ遺跡が見つかった。立会調査の成果を石津遺跡として学界に報告した。当時の海岸線から約一・八キロ上流の上石津に遺跡はあった。上石津には出雲系の言代主《ことしろぬし》や野見宿禰を祠る石津神社がある。

石津遺跡の北方すぐの地、いいかえれば古墳時代に河津だったとみられる石津の北岸に、乳岡《ちのおか》古墳がある。古くに前方部が削平され、念仏寺の建物のある後円部が現存している。周濠のあった痕跡があり、墳丘の長さは一五〇メートル前後の前方後円墳で、前方部を南西に

図21　乳岡古墳（1963年撮影）

向けていたと推定される。

百舌鳥古墳群の主要古墳が台地上に造営されているのにたいし、乳岡古墳は石津川ぞいの低地にあるのも長らく不思議に思っていた。ぼくが初めてこの古墳を訪れたのは一九四二年で、後円部の中腹（中段か）に円筒埴輪が露出していた。

墳長一五〇メートル前後といえば、反正陵に治定されている田出井山古墳とほぼ同規模であり、大王陵でもおかしくはない。

乳岡古墳の後円部頂上には石棺の一部が露出していた。この古墳の保護があやぶまれた一九七二年に堺市教育委員会が調査したところ、和泉砂岩を用いた定形化する以前の長持形石棺であることが分った。

古墳中期の大古墳がよく採用している定形化した長持形石棺は、兵庫県高砂市の竜山石を使っている。竜山には古墳時代中期に始まり今日も操業している石切場がある。

前に述べたように『新撰姓氏録』には石作連が日葉酢媛皇后の石棺を作ったという古伝承がある。石作連の石切場は大阪府泉南郡の箱作付近にあったとみられる。箱作は和泉砂岩の製品の積出し港で、石切場は箱作から南東約二キロの山間にあった。ここでは近世まで和泉砂岩を切り出し、墓石や生活の道具に加工していた。

乳岡古墳の長持形石棺には、副葬品の一部として碧玉製の鍬形石や車輪石の腕輪型石製品がのこされており、乳岡古墳が古墳前期末の築造であると推定されるようになった。

このように百舌鳥古墳群での古墳の形成は、石津川ぞいの石津遺跡の隣接地での乳岡古墳の造営で始まった。

乳岡古墳を東方へと台地に上ったところが石津原である。百舌鳥野の一部が石津原とよばれたとみられる。石津原には陵山古墳（現履中陵）と百舌鳥大塚山古墳（この章では百舌鳥を略す）の二基の前方後円墳がある。陵山古墳の所在地名は石津ヶ丘だが、これは新しい町名である。もとは泉北郡神石村大字上石津にあった。二基の古墳とも大山古墳よりは年代は古く、乳岡古墳の次に造営された古墳である。

陵山古墳は西側のくびれ部に造出しがあり、周濠を繞らせ、後に述べるように六基の陪墳をともなっている。

大塚山古墳もくびれ部の北側だけに造出しがあって本来は周濠があったと推定されている。

二基の古墳は接近しており、さらに陵山古墳の長軸方向に直交するようにして大塚山古墳が前方部を西に向けて造営されている。このように二基の古墳の位置は意図的に関係しあって配置された節がある。陵山古墳が大王墓ならば、大塚山古墳はその縁者または近臣の古墳と推定される。両古墳の造営年代は近いとみられるが、大塚山古墳のほうがわずかに先行しそうである。

先に仁徳陵の陵地が石津原にあったとする『紀』の記事をひいた。仁徳陵が石津原にあったとする伝承が古くからのものとすれば、陵山古墳が仁徳陵の有力候補となる。

陵山古墳は墳長が三六〇メートルあって、大山古墳と誉田山古墳に次ぐ第三番めに大きい前方後円墳である。年代順でいえば誉田山古墳の次が陵山古墳、さらにそのあとが大山古墳である。

大塚山古墳は戦前に周濠は埋められていて、墳丘も太平洋戦争中にアメリカ軍の空爆によって焼失した堺市の住宅地復興のための壁土の採土場として取りこわされ始めた。戦後に破壊された最大規模の古墳である。

当時は文化財保護行政は、あって無きに等しく、ぼくが時折時間を工面して立寄って古墳の破壊を見守るほかなかった。余談になるがこの時の苦い体験が昭和三十年のイタスケ古墳の保護運動を生んだ。

図22　破壊中の百舌鳥大塚山古墳

図23　工事用に架橋中のイタスケ古墳（1955年撮影）

大塚山古墳の調査は満足できるものではなかった。破壊の最後の段階では、前方部頂上に粘土槨が埋まっているのを試掘で確認した。しかし埋まっている位置が深く、躊躇している間に工事が追いつき墳丘の下からこわされてしまった。かろうじて銅鏡二面ともう一面の鏡片や木棺片を採集するだけに終った。この無念さもあって長年報告書をまとめる気にならなかった。

とはいえぼくが高齢者になったので、当時の調査の経過と成果の概要を二〇〇三年春に堺市博物館で講演し、それを「失われた時をもとめて—大塚山古墳の調査を回顧して—」の一文として、同館の館報の二二号に掲載した。

詳しいことはそれを参照してほしいが、この古墳の特色をまとめよう。

①後円部に四、前方部に四の施設があったが、それぞれ一つに埋葬の形跡があり、あとはいずれも物を埋納する施設だった。埋葬施設は粘土槨ともいえるが土壙に木棺を直葬したもの、遺物の埋納施設は土坑に主として武具や刀や槍の身などの武器を納めていた。

②短甲は六領あって、うち一領が襟付短甲である。どの短甲も三角板を革綴にしており、大山古墳の鋲留短甲よりは古い。冑は衝角付冑が三個あり、うち一個の頂部に銅製の盾形の三尾鉄《みおがね》を着けていた。この銅製品には盾の文様を忠実に鋳出していて、呪的な役割をもたせた金具であろう。この冑の周辺には錆びついた鳥の羽根が散乱していた。これは三尾鉄の三

本の突起にとりつけた雉の羽根であろう。この冑と襟付短甲は大塚山古墳の被葬者が着用したと推定される。

③鉄鏃は塊となっていて数は一一七本以上あった。そのうちの四一本は鏃の茎《なかご》の部分に捩《ねじ》りのあるもので、類例は伽耶《かや》や新羅の古墳に見られる。大塚山古墳には馬具類はなく、弓矢と槍で武装した歩兵集団を率いた武将的な被葬者像が浮びあがる。とはいえすでに朝鮮半島とも交渉あるいは接触の機会があった人物であろう。なお前方部の土坑の一つから、蒙古鉢形冑の大きな受鉢だけが出土している。のちに眉庇付冑に発展するものだが、鉢部は工事で失われてしまった。これも朝鮮半島からもたらされた、あるいは影響をうけたものであろう。

和泉黄金塚古墳の実物の盾（右・長さ157センチ）と、百舌鳥大塚山古墳の盾形の三尾金（左・盾形の部分の長さ6.7センチ）を、盾として比較してみたもの。

図24　百舌鳥大塚山古墳出土の衝角付冑の銅製三尾鉄

陵山古墳はかつて造出しから五、六個の手捏《てご》ねで作った小型の土師器の壺を採集した人がいて実見した。後日実測に訪れたらもう紛失していた。

陵山古墳は前方後円墳の変遷を手がかりにして位置づけることができる。近畿地方での前方後円墳の築造企画を追求する代表的な研究者が二人いる。一人が上田宏範氏（故人）で、もう一人が宮川徏《すすむ》氏である。

宮川氏は古市古墳群の仲津山古墳（現、応神天皇皇后の仲姫陵）の墳丘の影響をうけたのが陵山古墳だとした（「前方後円墳築造企画と技術の伝承性」『橿原考古学研究所論集』第八）。仲津山古墳は、古市古墳群では誉田山古墳に次ぐ巨大な前方後円墳で、墳丘や濠の造営のうえに前期末的な特色が色濃く表されている。中期初頭の古墳といってもよい。

宮川氏が論文を書いたのと同じ論集で上田氏は「前方後円墳における築造企画の展開」（その六）を書き、陵山古墳は古市古墳群の誉田山古墳の墳丘の最下段だけをカットして築造したという見解をだした。

とはいえ誉田山古墳は両側のくびれ部に造出しを具えるのにたいして、すでに述べたように陵山古墳は片一方（西側）のくびれ部だけに造出しがあるなど同一プランとはいい難い。さらに方法論の点では、陵山古墳の墳丘に最下段をつけて一回り拡大したのが誉田山古墳ともいえる。このことはさらに出土遺物などでの年代差をも参考にする必要がある。古市古墳群にはあとでも述べるので、ここでは陵山古墳が仲津山古墳や誉田山古墳と造営企画の点で強く関係することだけを述べて先に進もう。

百舌鳥陵山古墳と陪墳

陵山古墳の埋葬施設や遺物は知られていない。ところが陵山古墳の後円部背後で周濠外に接して直径五五メートルの大きな円墳の陪墳がある。中期古墳の巨大な前方後円墳では、陪墳として大円墳のあることは少なくなく、七観古墳もその一例である。

七観古墳は私有地であったため、土地の所有者が大正三年に発掘し、末永雅雄氏がその遺物を学界に報告したことがある。戦後になるとこの古墳も土取り場となり、一九四五年と一九五二年の二度にわたって、樋口隆康氏が中心となり宮川徏氏が協力して発掘をおこなった。それから暫くしてぼくが現地を訪れると、土取り工事が進行していた。土取り業者が篩《ふるい》で土を選別して捨てたらしく、鉄の刀剣の断片がうずたかく積んであった。

ぼくは京都大学が調査したことは知っていたので、信じられない光景を見て、怒りと絶望感のいりまじった感想をもった。刀剣の断片の鋒や茎で数を調べかけたが、馬鹿らしくなって断片も拾わずに帰った。今からおもうと百に近い数の刀剣が出土し、捨てられたのであろう。それから暫くして再度訪れると、誰かが持って帰ったのか、クズ鉄業者が持っていったのか、刀剣の破片は無くなっていた。

戦後の調査だけでも、七観古墳には三つの埋納施設があった。武具として三角板革綴と横矧板革綴の短甲各一領、三角板革綴の衝角付冑二個があった。また鉄刀百五十本以上、鉄剣が四十七本以上あったし、この調査の直後の土取り工事で大量の刀剣があったことは前に書いた。

このように七観古墳と大塚山古墳の遺物には共通するものが多いなか、七観古墳では馬具と帯金具のあったことは特筆される。

馬具のうちの鞍は木製の実用品で、鐙《あぶみ》も木製品で要所だけに薄い鉄板を貼った古式の鐙である。中国の北東部の燕《えん》の地での出土例がある。これにたいして竜文を透し彫にした帯金具は中国製であろう。帯金具は中国では貴人や官人が用いたが、七観古墳では短甲の胴に着装されていた。大王などが武具の一つとして用いていたのであろう。

このように七観古墳は、わが国での初期の乗馬の風習をよく示している。この馬具は主墳の陵山古墳の被葬者かその近臣が用いたものであろう。

七観古墳は一九一三年に土地の所有者（T氏）が遺物を発掘し、そののち末永雅雄氏が研究された（「七観古墳とその遺物」『考古学雑誌』第二十三巻第五号）。この時の出土品も、甲冑、武器、馬具などで、鏡や玉はなかった。

冑は三角板革綴の衝角付冑四個と細板鋲留の衝角付冑一個で、鋲留技法が見られることは特記してよい。短甲も三領以上の三角板革綴の短甲とそれとは別に三角板鋲留の短甲がある。このように鋲留の甲と冑が一組あったことも分る。

この時に出土した馬具は二組とみられる。装飾のない鉄製の銜《はみ》と轡《くつわ》、輪鐙《わあぶみ》などで、尾錠があるのは木製の鞍に付けられたものであろう。

このように戦前と戦後に発掘された遺物をあわせると、七観古墳には六領かそれ以上の短甲と衝角付冑が七個あったことになり、基本的には大塚山古墳の遺物の組合せを踏襲している。それに加え新たに馬具が伴った。だが馬具の数は甲冑の数よりは少なく、七観古墳の埋納の遺物から被葬者像を推測すると、甲冑の着用者の全員が馬に乗れたのではない。以上のことから大塚山古墳と陵山古墳の年代は接近しているとはいえ、やはり大塚山古墳のほうが若干先行していると結論づけてよかろう。

陵山古墳の陪墳には、七観古墳のほかにもう一基の大きな円墳が伴っている。七観古墳の東側に存在し、こちらは七観音古墳とよび分けている。土地の所有者が戦前に発掘し、馬具の青銅製環鈴と碧玉製の「琴柱形」石製品とがあった。

ぼくは戦後間もなくのころ土地の所有者の柴田氏宅で図面を作った。当時は「琴柱形」石製品とよんでいたが、用途は不明だった。類品は本山コレクション中にも出土地不明ながら一点あるので、一九七八年に発行された『大阪府史』一巻に図をいれて紹介しておいた（図

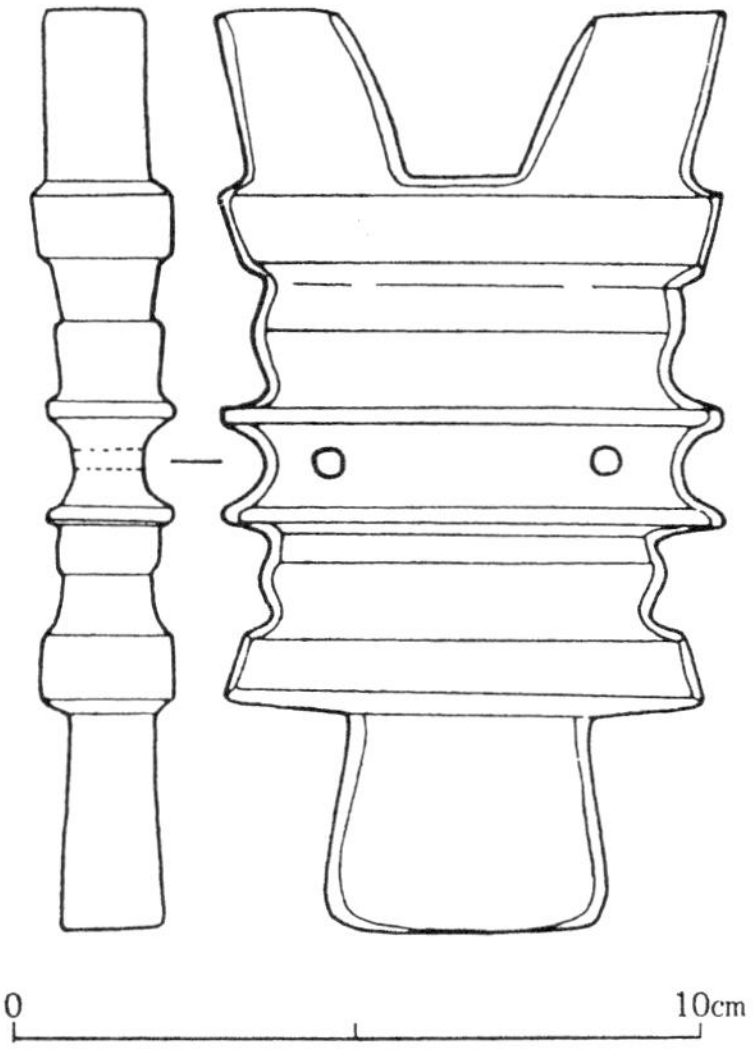

図25　七観音古墳出土の宝塚古墳形立物の石製品

25）。

二〇〇〇年二月に、三重県松阪市の宝塚一号墳からこの種の石製品の性格を解く舟形埴輪が発掘された。宝塚一号墳は伊勢最大の前方後円墳で舟形埴輪は造出しの裾（空堀）に置いてあった。現地を見学したぼくは、造出しが長崎市の出島のようでそこに舟が横づけになっているようだと感じた。

この舟は舟の本体だけを埴輪として造形したのではない。王か豪族が舟で巡航するさいにさまざまな威信財で舟を飾った様子を造形していた。五世紀の遺物である。舟には舳のほうから大刀（以下いずれも埴製品）を立て、次いでぼくが「琴柱形」とよんだ儀仗を二個立て、船尾近くにキヌガサを棒で高くかかげていた。おそらくキヌガサの下には王か豪族がいると想定したのであろう。

大刀、「琴柱形」、キヌガサはいずれも従来から形象埴輪として造形されることはよく知られていた。大刀も実物の鉄刀より大きく造形されていた。古墳後期での「琴柱形」は、埴輪では「石見《いわみ》形盾」とよびならわされていたが盾ではない。これは奈良県の石見遺跡出土の古墳後期の埴輪に因んだ名称だが、これはこの種の儀仗の後半段階の形状を示すものであって、これからは用途の解明はできない。

奈良県橿原市に四条古墳がある。ここからは埴輪とともに各種の木製の儀器が出土し、そのなかに一メートル前後のこの種の板状の木製品があらわれた。

ぼくの見通しでは、七観古墳の石製品が実物を小さくして造形していた。まだこの種の儀仗の本来の大きさは分らない。この種の木製品として古形を示すものは、福岡県糸島市釜塚古墳の出土品にある。長さ二〇四センチで、そのうちの半ば以上は土に固定するための長い棒である。

それにしても「石見形盾」も「琴柱形」も研究史上で生まれた仮の名称であった。今は「宝塚一号墳形立物」と仮によんで本来の形にせまっていけばよい。織物製か革製かあるいは木の細工物か、腐朽しやすい材質の製品だったようである。

七観音古墳出土の「宝塚古墳形立物」の石製品は高さ一三・七センチであるが、忠実に細部まで造形していた。中央よりやや下の左右に二個の孔があるのは、本来あったかそれともこの石製品を垂下するために穿《あ》けたかのどちらかであろう。

このように七観音古墳、ひいては主墳の陵山古墳と宝塚一号墳とが同じような威信財をもっていたとみられ、年代も接近しているのであろう。

陵山古墳は墳長第三位の巨大前方後円墳である。三位とはいえ陵山古墳が造営された時にはまだ第一位の大山古墳はなく、おそらく誉田山古墳に次ぐ第二位の巨大古墳であった。被葬者は大鷦鷯尊《おおさざきのみこと》（仁徳天皇）とぼくは考えている。

その他の百舌鳥古墳群の問題

考古学での見通しでは、百舌鳥古墳群の形成は石津川の北岸やその支流の百済川の北方台地上で始まった。この台地が石津原である。

『紀』の伝承どおり仁徳陵が石津原で造営されたのであれば、仁徳陵を大山古墳とするよりも陵山古墳がふさわしい。

では履中陵を大山古墳に取替えればよいのか。事はそう簡単ではなく、大山古墳の年代は履中天皇の治世よりは新しく、前にあげた藤間説のように倭王済の允恭天皇の陵が一つの有力候補となる。『紀』の伝承では允恭天皇は茅淳宮《ちぬ》や泉南の日根野にしばしば行っている。とくに茅淳では宮室を造営している。ことによると允恭天皇が自分の陵を百舌鳥野に造営しようとしたことに関連する記事であろうか。

田出井山古墳は反正天皇陵に治定されている。反正天皇の都は河内の丹比にあって柴籬《しばがき》（垣）宮とよばれた。丹比は大阪平野の南部にあって、仁徳紀にも難波の高津宮からの大道が丹比邑まで達していたとあるように、陸上交通の重要拠点であった。この大道は幅一八メートルあったことが発掘で確かめられている。

丹比邑とよばれたのは律令時代の丹比郡の中心拠点で今日の松原市上田とその周辺とみられる。難波から南へ向って大道が通じていただけでなく、ヤマトから通じる道が河内の石川を越えると東西一直線の道となり古代に大津とよばれた堺の港まで達している。いわゆる長尾（長峡）街道で大津道ともよばれた。推定柴籬宮は長尾街道ぞいの南側にあって、この地には宮の跡との伝説のある柴籬（広庭《ひろば》）神社が鎮座し、古墳時代の集落だったとみられる上田遺跡がある。

このように反正天皇の推定される都はヤマト、難波、大津と三方向からの交通の要衝に当っている。しかも長尾街道を西へ行った台地の麓に田出井山古墳がある。このように地形を大観すると、田出井山古墳が反正陵であったとすることには一つの根拠がある。

では履中陵はどうなるか。履中陵を百舌鳥野にある巨大古墳で求めるとすると土師ニサンザイ古墳しかないことになる。江戸時代にはこの古墳を反正陵に当てた説はあるが、この説の根拠は、古墳の「はせやま」の名称を「反正山」とみることである。「はせやま」は「土師山」とみられるからそれでは弱い。

あとイタスケ古墳と百舌鳥御廟山古墳の被葬者をどうみるかの問題はあるが、それらは皇族の墓の可能性は高いが大王陵ではなかろう。

百舌鳥御廟山古墳の周濠の東側、つまり後円部にある大円墳がカトンボ山古墳である。土取り工事にともなって大量の石製模造品などが出土した。大きな前方後円墳の陪墳の一例とみてよかろう。

第六章

古市古墳群の形成と津堂城山古墳ほか

日本武の墓

記紀によると景行天皇の子の日本（倭）武（建）は壮絶な生涯を送った。皇子とはいえ『紀』での行動の記述は父の天皇に並ぶほど多いし、死後に造られた陵に関する記述も並の天皇よりはるかに豊富である。また子孫についての記述も豊かで、犬上君、武部君、讃岐綾君、伊予別君などがその代表例として記されている。『記』ではこのほか伊勢之別、登袁《とお》之《の》別《わけ》、鎌倉別、石代之別、漁田《うおた》之別、さらにのちに神功皇后軍と戦った忍熊王などをあげている。

日本武が東国への遠征のあと息吹（伊吹）山の神の怒りにふれ、伊勢の能褒野《のぼの》の陵に葬った。だが日本武は白鳥になって倭国を目指して飛び去った。倭の琴弾原に停ったのでそこに陵を造った。すると再び白鳥となって河内へ飛び、舊（古）市邑に留まったので、そこにも陵を造った。時の人はこの三陵を白鳥陵とよぶという。

『記』にも伊勢の能煩野で死に、そこに陵を造ったが、八尋の白智鳥になって飛び去り河内国の志幾に留まったので、その地に陵（白鳥陵）を造ったが天に翔けて飛び去ったという。河内にある白鳥陵の位置を『記』では古市ではなく志幾（紀）にしていることは重要である。律令下の行政では古市郡と志紀郡では地域が違う。それに古市郡が渡来系の氏族が多いのにたいして、志紀郡には志幾の大県主に代表される古くからの豪族がいたし、のちに河内国の国府もこの地に置かれた。

戦後の古代史では、日本武には英雄伝説として注目はするけれども実在性を曖昧にした扱いにされている。だがぼくの考えは少し異なる。

第五章であげたように仁徳紀（仁徳の六十年の条）には〝白鳥陵の守らが役丁に使われていて、陵守の目杵が白鹿になって逃げた〟話がでている。そのときに仁徳天皇は〝この陵は空になったので、陵守を置くのをやめたのである。今回の怪しい状をみて驚き陵守を元のままにした〟という。この話では仁徳天皇の時代にはすでに白鳥陵があって陵守が置かれていたことになる。

都が藤原京にあった大宝《たいほう》二年（七〇二）八月に次の記事がある。「倭建命の墓を震《ふる》わす。使を遣わし之を祭る」(『続日本紀』)。地震のあったこの倭建の墓は白鳥陵のうちの伊勢にあった古墳と考える。

『延喜式』の諸陵寮の項では「能褒野墓　日本武尊　伊勢国鈴鹿郡にあり　兆域東西二町南北二町　守戸三烟」とある。これによると平安時代には白鳥三陵のうち、伊勢国鈴鹿郡にあった古墳だけが守られていたのである。

今日、日本武の墓に治定されているのは、三重県亀山市にある墳長九〇メートルの前方後円墳で王塚という。学界では能褒野王塚古墳とよんでいる。北伊勢最大の古墳で古墳前期末ごろの造営である。

余談になるが誉田山古墳や大山古墳では墳丘の一部に崩れた形跡がある。このことから未完成墳とか中世の砦による破壊の跡ともいわれたが、最近は地震学者の寒川旭氏の研究によって室町時代か安土桃山時代の地震による土崩れ説が有力である。能褒野王塚古墳での地震の痕跡の有無はまだ聞いていない。研究課題の一つになる。

三重県には鈴鹿市の加伏登神社の境内に白鳥塚一号墳とよばれる直径六〇メートルの大円墳があって、横穴式石室のある後期古墳である(武内英昭「三重県の円墳」『古代学研究』一二三号、特集「列島各地域の円墳―主として大型円墳をめぐって」所収)。

河内国の白鳥陵候補あるいはその伝説をもつのは少なくとも四か所にあるが、いずれも古市古墳群内である。うち三基は古市郡内で古墳時代後期初頭、志紀郡にあるのが藤井寺市の津堂城山古墳である。ぼくは古墳時代前期末ないし古墳時代中期初頭に編年できる津堂城山古墳を河内の白鳥陵の第一候補とみている。

この古墳の名称となった津堂も城山も古墳時代には遡らない。城山は中世末に三好氏がこの古墳を砦にしたことからついたし、津堂はこの古墳の隣接地に布目瓦の散布地がある。そこが津堂であろう。ことによると奈良時代ごろにできた墓辺寺の可能性はあるが、究明は今後の課題である。

津堂城山古墳は長尾街道よりも北方にあって、古市古墳群の最北端になる。だがこの古墳群に最初にできた巨大前方後円墳で、百舌鳥古墳群の乳岡古墳造営の時期と様相は共通している。

後円部だけが陵墓参考地になっているが、それは允恭陵の第二候補だったからだと仄聞《そくぶん》したことがある。ただし允恭では年代が合わない。

明治四十五年に後円部の頂上に露出していた石を八幡神社の用材として運び出すときに、竪穴式石室が現れ長持形石棺をおさめていた。当時の発掘見聞記は不充分だが、巨大前方後円墳の埋葬施設と副葬品を知るための貴重な資料となった。

戦後になって航空写真の利用が始まったころ、末永雅雄氏はこの古墳の周囲に周庭帯とよべる広い付属地があると指摘した。だがその後の大阪府教育委員会や藤井寺市教育委員会の墳丘周辺部の調査によって、内濠（空堀になっていた）の外側の中堤とその外側にある外濠、さらに外堤が早い段階で埋まり、田畠として利用されていた痕跡と分った。

津堂城山古墳の墳長は二〇八メートルだが、外堤の端での長さは約四三〇メートルとなり兆域の広さがしのべる。

驚くべき発見が藤井寺市の調査で判明した。前方部の南側の内濠内に方形の壇があって、大中小三個の水鳥形埴輪が置かれていた。

この埴輪の製作技術はすぐれているし、内濠に水がたたえられると水鳥が浮遊しているようになる。すでに仲哀紀で仲哀天皇が父の日本武をしのぶため越から白鳥を取りよせ、陵の濠に浮かべようとした話を紹介したが、この記事は津堂城山古墳での光景を知っている者が作った可能性もある。

津堂城山古墳は古代の河内国志紀郡の長野郷にある。城山古墳の名の由来となったのは室町時代に小山城といわれたように、元の地名は小山村にあった。

この地域の今日の地図からは、大和川以南の地という印象をうける。だがこの地域で西流する大和川は、宝永《ほうえい》元年（一七〇四）の川筋の付替え工事以降に出来たもので、それ以前の大和川は石川と合流したあと、柏原から北流し淀川の下流に合流して大阪湾に注いでいた。

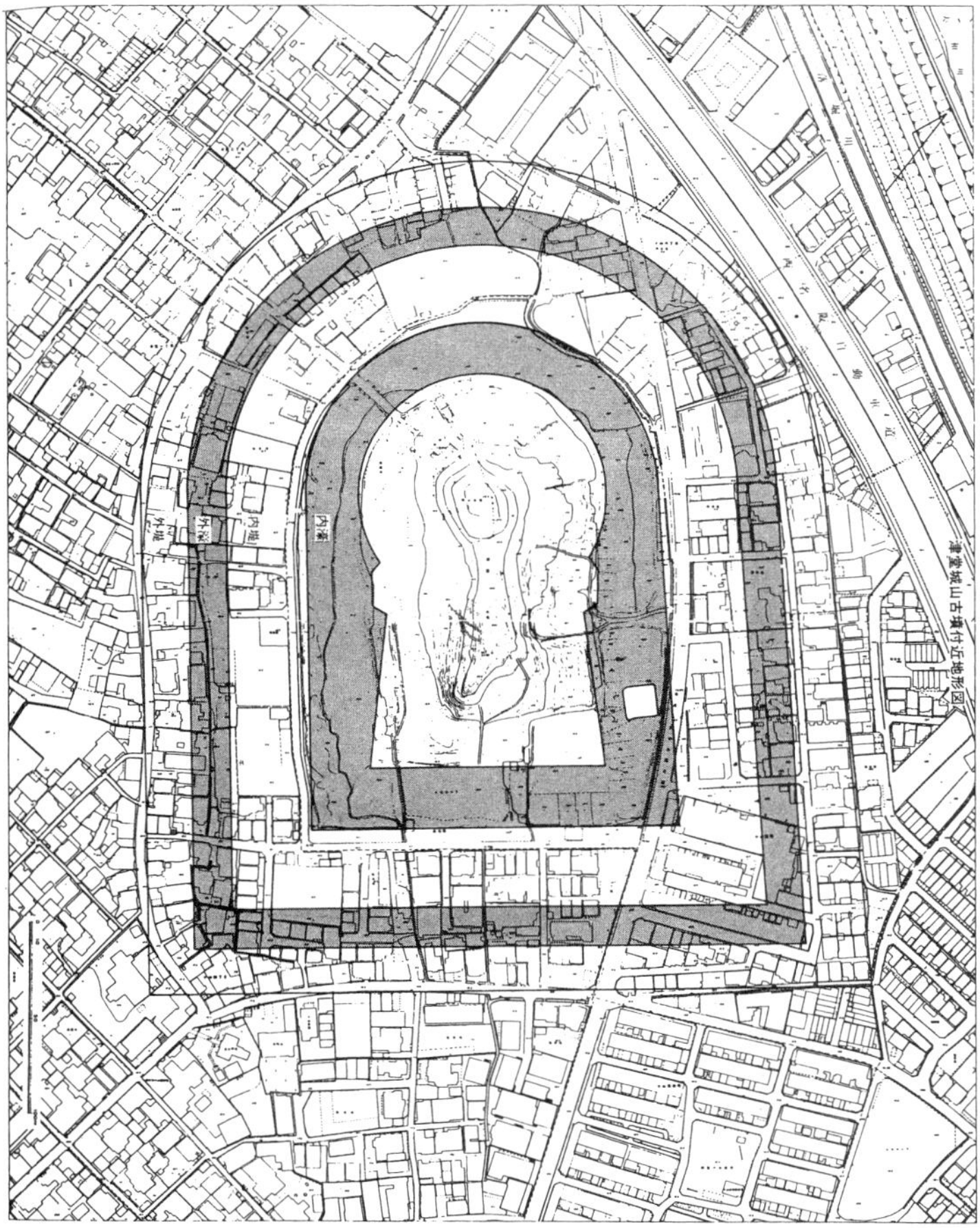

図26　津堂城山古墳の全景（藤井寺市教育委員会『古市古墳群』より、アミをかぶせた部分は内濠と外濠）

古代の有名な餌香市《えがのいち》は石川との合流点の北岸にあって舟橋遺跡が関係しそうである。

ぼくは津堂城山古墳を造営した勢力は、現大和川からは北、つまり河内平野南部にいたようにみている。

津堂城山古墳を造営したのは、日本武の二男の足仲彦（仲哀天皇）の可能性は低く、足仲彦の二男の忍熊王だったのではないかとみる。記紀では忍熊王は神功皇后軍との戦に敗れた人物として描かれているけれども、そうではなく日本武の直系者として河内を拠点として強力な政権を築いていたのであろう。ぼくは仮に忍熊王政権とよんでおく。

先にも述べたように越前の伝承では、忍熊王は劔御子としてその武勇が称えられてきた。『紀』にも神功皇后側の立場からではあるが忍熊王の行動が詳述されている。その一つに父の仲哀天皇の山陵を播磨の赤石に造営した話がある。山陵の造営は死者の直系の者がおこなうのが普通である。

このことは単なる伝承ではなく、神戸市と明石市の境の垂水丘陵にある兵庫県最大の前方後円墳・五色塚古墳が『紀』の記事に該当する山陵とみて間違いなかろう。五色塚古墳は垂水丘陵上にあるとはいえ、前方部の正面すぐ南に明石海峡がせまっていて、この辺りから忍熊王政権が支配する中枢の地になることの示威をもかねた造営物である。

五色塚古墳は墳長一九四メートルの前方後円墳で周濠がある。津堂城山古墳は平地に造営されていて、墳長二〇八メートルの前方後円墳で二重の周濠がある。巨視的にいえば同規模の前方後円墳である。津堂城山古墳は巨大な前方後円墳として二重の周濠を具えた最古の例である。築造年代は五色塚古墳がやや先行し、その造営の経験を生かして津堂城山古墳ができたのであろう。

赤子の誉田別（のちの応神天皇、仲哀天皇の子という確証はなく出生話は説話的である）を擁して神功皇后軍が九州から東進してきた理由は、五色塚古墳や津堂城山古墳の造営によって、忍熊王政権が日本武の直系の政権であることが世間に定着することを恐れたこともあったのであろう。

応神天皇から始まる中王朝になると、河内の白鳥陵としての津堂城山古墳は軽視されだしたようである。

埋もれた周濠の発掘を見学したとき、濠が故意に、しかも急いで埋められた形跡があった。土で埋めるというより切り倒した雑木（巨木はなかったように見えた）をいっぱい投げこみ、その上に土がかぶせられていた。これは中世に農地への開拓のためにおこなった行為というより、政治的意図があったと感じた。

津堂城山古墳の副葬品には、巴形銅器や鍬形石とよばれる腕輪型石製品など古墳前期末の遺物もある。だがあってよさそうな甲冑類はない。これはおそらく後円部の石室の周辺に遺物を埋納した施設が未発見で埋まっているとみてよかろう。なお弓矢に着けた銅製の矢筈《やはず》や弓筈《ゆはず》が発掘されているのは、武人としての愛用品の弓矢が棺に副葬されていたことを示しているのであろう。弓を石棺内で遺骸のよこに副葬し、甲冑を棺外に置いた例が京丹後市の産《うぶ》土山《すなやま》古墳にある。

誉田山古墳と第一の問題点

誉田山古墳は誉田御廟山古墳ともよばれている（ただし御廟山といった資料を知らない）。墳長は四二五メートルあって全国で第二位の大きさの前方後円墳である。くびれ部の幅が広く、そのため墳丘の体積は大山古墳より大きく、体積では第一位になるという梅原末治氏の試算がある。二重の周濠はあったが、今は内濠だけが水をたたえ外濠はすっかり埋まって痕跡をとどめるにすぎない。

誉田山古墳は古くから応神陵と信じられていて、〝被葬者の確実な天皇陵〟とされることがある。しかしそれは、奈良時代（末か）ないし平安時代以降に応神天皇を葬った御廟とする八幡信仰が生まれてからのことである。後円部の背後に内濠をへだてて長野山誉田八幡宮（『河内名所図会』）があって、江戸時代末までは神社から後円部頂上にある御廟に詣るための石段があった。

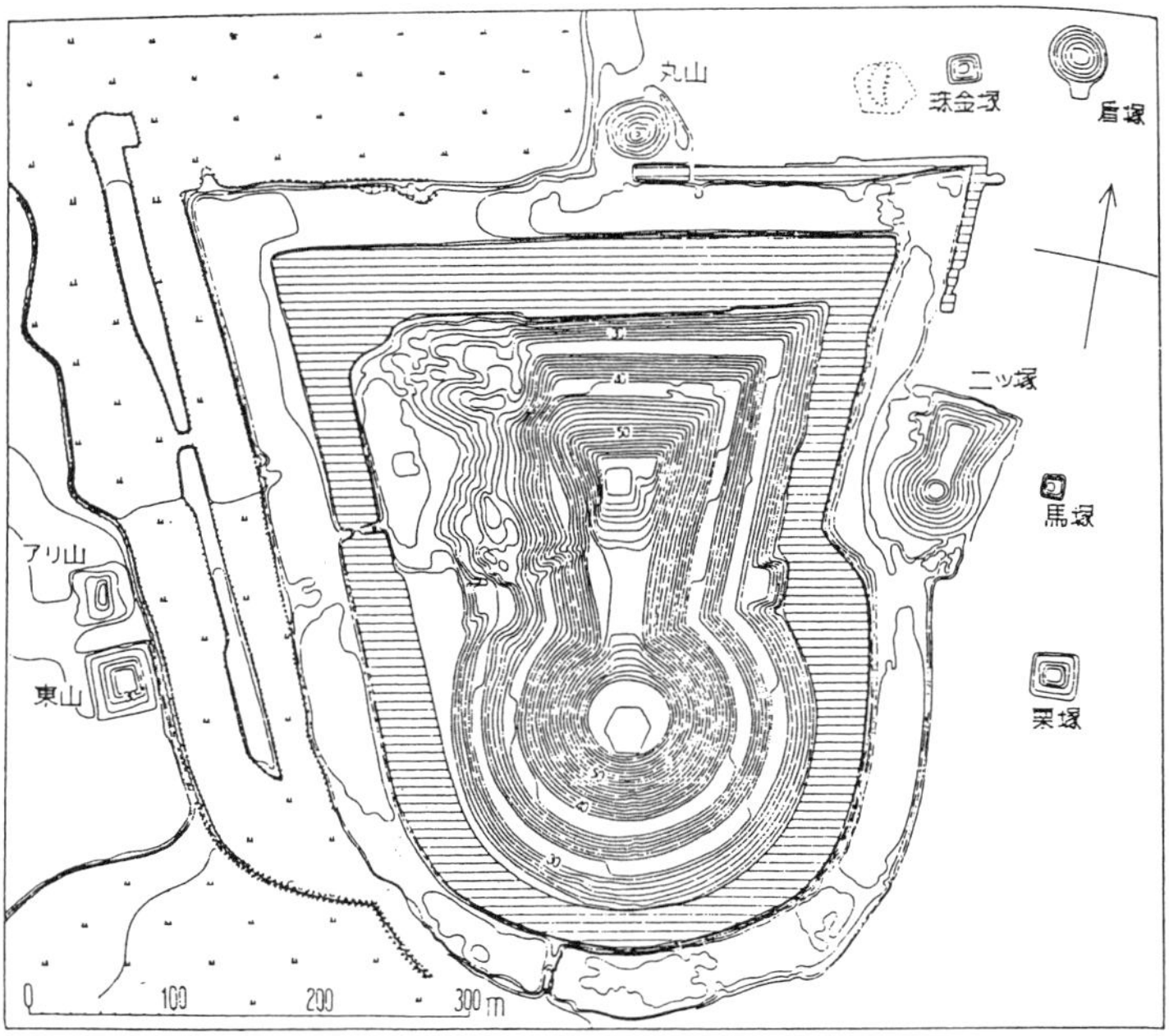

図27　誉田山古墳と陪墳（ニツ塚古墳の位置に注意、誉田八幡宮は後円部の真南の外濠に接して鎮座）（藤井寺市教育委員会『古市古墳群』より）

とはいえ応神陵については謎が多い。一つは『紀』の応神天皇の条には天皇の亡くなった記事はあるが、葬地（陵）についての記載がない。このこともあって、文献学から応神天皇と仁徳天皇が本来は同一人物だったとする見方もでている。

なお『記』には応神陵について「御陵は川内の恵賀の裳伏の岡に在り」とある。さらに占部家本の『記』では、その個所に「百舌鳥陵也」の注目すべき註記がある。古代史家の藤間生大氏が倭の五王の動向から、誉田山古墳を反正陵とする説をだしたことは前に書いた。『紀』には応神陵の造営記事はないが、雄略天皇の九年の条に誉田陵についての田辺史家《たなべのふひとけ》の伝承によったとみられる記事がある。誉田陵とは応神陵のことであろう。田辺史は誉田山古墳の東方の安宿《あすか》郡に本拠をおいた渡来人の雄族であって、藤原不比等《ふひと》は田辺史大隅の家で養育されたとする説もある。以下の話は古代の中国に類似の説話がある。

『紀』では河内国からの報告として次のような話を記している。〝飛鳥戸郡《あすかべぐん》の田辺史伯孫の娘が古市郡の書首加龍《ふみのおびとかりゅう》の妻となった〟。

　書氏は文氏とも書き、誉田山古墳のすぐ東方に拠点があって、氏寺としての西琳寺がある。百済系の渡来人である。また田辺史の名の伯孫は百孫とも書く。

〝伯孫は娘が加龍の家で出産したのでお祝いに行き、帰りに月夜のなかを蓬蔂丘《いちびこのおか》の誉田陵のほとりを馬に乗って通った。するとすごく良い赤馬に乗る人と出会った。伯孫はその馬が欲しくなって取り替えてもらった。伯孫は家に帰ってその赤馬を厩《うまや》にいれ、鞍を下して秣《まぐさ》をやって寝た。翌朝その馬を見に行くと何と土馬《はにうま》（埴輪の馬）になっているではないか。驚いて誉田陵へ行くと、自分の馬が土馬の間に立っていた〟。

　誉田山古墳の濠の中堤ではf字型の鏡板をつけた馬の頭部の埴輪が出土している。この説話は誉田山古墳の中堤などに馬形埴輪が立っている光景から生まれたのであろう。その説話が田辺史家に伝わっていたのである。

誉田山古墳の第二の問題点

誉田山古墳の東側くびれ部での内濠は、南北方向に西側のようには一直線にならずに、大きく内湾している（図27）。これは設計上のミスによるのではなく、この個所に誉田山古墳の造営時にすでに墳長一一〇メートルの二ツ塚古墳があったからである。二ツ塚古墳を取り壊さずに誉田山古墳の平面形をゆがめて設計したのである。このことから誉田山古墳造営時の歴史が読みとれそうである。

誉田山古墳が応神陵であることを前提にして二ツ塚古墳と誉田山古墳の関係を考えてみよう。『記』によれば近畿入りを果たした後の応神天皇は品陀真若王《ほんだまわかおう》（景行天皇の子）の娘の中日売《なかつひめ》を娶り大雀（仁徳天皇）らをもうけた。中日売は『紀』には仲姫皇后としてあらわれている。品陀は誉田と同じ地名であろう。ぼくは河内の古市の地名とみる。矢を発射するさいの武具である鞆の古い発音がホムタとする説はあるが、それを傍証する資料はない。

古くからいわれているように、九州から東進してきた大鞆和気命《おおともわけのみこと》（のちの応神天皇）が、河内の豪族になっていた品陀真若王の家の婿となり、真若王の娘の仲姫を皇后とした。誉田和気命の名も母方の家の名をつけたとみられる。

このように考えると、二ツ塚古墳の被葬者として品陀真若王が浮び上る。さらに応神陵が完成すると二ツ塚古墳が応神陵の陪墳の形になってしまうことも承知のうえで、応神陵の敷地を提供または斡旋したのであろう。今日も二ツ塚古墳は応神陵の陪墳として宮内庁は登録している。

二ツ塚古墳は見かけのうえでの主墳である誉田山古墳より先に造営されたことは間違いない。ぼくは二、三十年前かとみる。これとは別に二基の古墳の年代差はもっと短く、二ツ塚古墳の造営時には、誉田山古墳の土地の選定が終っていたとみる人もいる。だがこの説をぼくはとらない。

誉田山古墳の第三の問題点

松葉好太郎の『陵墓誌』によると、誉田山古墳には丸山古墳のほか八基の陪墳がある。このうち馬塚古墳は二ツ塚古墳のくびれ部の東方にあって、二ツ塚古墳の陪墳の可能性がある。

このほか前方部の北東の二重濠の外に接し珠金塚古墳と盾塚古墳があった。しかし誉田山古墳との関係は明らかではない。なおこの二基の古墳の名称は調査後に命名されたもので、古くからの地名ではない。例えば盾塚は粘土槨の表面を十一個の革盾で覆っていたことからついた名称である。

誉田山古墳の前方部正面の中央、二重濠と接する位置に、直径約四五メートルの円墳がある。嘉永元年（一八四八）に出土したと伝えられる一括遺物が誉田八幡宮に伝えられ国宝になっている。革綴の短甲片、帯金具片や武器もあるが、馬具類の優秀さが際立っている。とくに金銅製の竜文透彫の鞍金具は、五世紀に限ると東アジアで知られているうちでも傑出した技術で作られている。大陸からもたらされたと見られるが、中国や朝鮮半島にはまだこれに匹敵するほどの遺物の出土はない。高句麗、伽耶、南朝などから渡来した工人たちが合力して、日本で作ったとみるのも一案であろう。

戦後しばらくは、〝丸山古墳の馬具は応神陵より百年ほど新しい〟とする考えをよく目にした。しかしこれは誉田山古墳が応神陵であることを確乎たる定点としたうえでの解釈であって、まだ誉田山古墳そのものの年代と各陪墳の年代が決められたのではなく、細かい研究は今後に待とう。

誉田山古墳の西側くびれ部の外濠の外に接するようにして二基の方墳が並び、北にあるのがアリ山古墳である。位置と墳丘の東西辺の方向からみて誉田山古墳の陪墳であることは確実である。

アリ山古墳には武器や農具や工具（これも戦闘関連の道具か）を固めて置いてあった。ぎっしりと固まって出土したので、箱にいれられていたとみられる。鉄刀が七十七本、鉄鏃《てつぞく》が千五百四十二本もあった。鉄鏃のうちに腸抉《わたぐり》ともよばれる逆刺《かえし》が二段ある鉄鏃が三百四十一本ある。鉄鏃全体の二割強を占める。

この種の鉄鏃をぼくは二段逆刺鉄鏃とよんでいる。古墳出土遺物では主な分布圏は二つになる。一つは隼人が集中的に居住した南部九州、もう一つが大阪府、奈良県、滋賀県の比較的大きな古墳から出土する。前者が本来の流行地域、後者は隼人の移住先とからんでの出土とみられる。前に「隼人の二段逆刺のヤジリ」として「武器・武具に古代の戦闘をさぐる」で図解した（『日本の古代』六）。

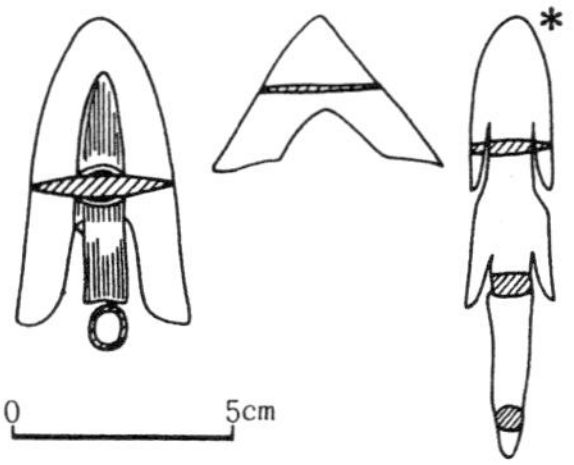

鉄鏃（和泉黄金塚古墳東槨外縁出土）
＊二段逆刺鉄鏃

図28　二重逆刺のある鉄鏃

誉田山古墳の被葬者を応神天皇とすれば、記紀の伝承のように応神勢力の九州からの東進に関係しそうな遺物である。応神の武装勢力の一員に隼人系の集団、例えば応神天皇の妃となる髪長媛《かみながひめ》の父（日向の諸県君牛諸井《もろがたのきみうしもろい》）がいたことになりそうである。なおこの種の鉄鏃は和泉黄金塚古墳の東槨や七観古墳でも鏃群のなかに混在していた。

誉田山古墳の第四の問題点

明治二十五年ごろ、誉田山古墳の内濠と堤の修築工事がおこなわれた。そのさい水鳥の埴輪（学習院が所蔵）やコウヤマキ製の木製の台などが出土した。木製の台は木の埴輪の性格をもち、キヌガサの台かとみられる。類品は奈良県の北花内大塚（飯豊陵）や四条古墳、石見遺跡など数個所での出土例がある。

このさいの出土品に土師質の蓋付小壺二個や魚形土製品十個がある。クジラ（長さ一〇・八センチ）、イカ、タコ、サメ（またはイルカ）とみられていて、いずれも特色をよくつかんでいる。出土地点や出土状況の記録はない。

これらの遺物は関東大震災で失われ現物を見ることはできない。幸い梅原末治氏が震災前に宮内省で見ておられ、『大阪府史跡名勝天然記念物調査報告』（第五輯、昭和九年）に魚形土製品五点の写真が掲載されている。

この土製品は梅原氏のほかにも実見されている（後藤守一『日本考古学』に掲載されている第六十二図が同じ写真である）。クジラ、イカ、タコ、サメなどとする感想をのこした人もいる。奈良市の陵墓参考地のウワナベ古墳の西側造出しの下方、つまり周濠内で乾水時に多数の魚形土製品を採集した人がいて、ぼくも図面を作ったことがある。これは海の魚の造形物のように思えた。

ぼくは長年この誉田山古墳の内濠内出土の海の生物とみられる土製品に関心をもちつづけた。幸い宮内庁が管理する大阪府羽曳野の軽里大塚（前の山）古墳（宮内庁は白鳥陵とよぶ）

の内濠の調査を宮内庁がおこなったところ、北側の造出し裾で土師質の壺や高坏とともにタコ、イカ、サカナと判定された土製品が発掘された。この写真は宮内庁書陵部から刊行された出土品展示目録『埴輪』Ⅴに掲載されている。

宮内庁が白鳥陵とよんでいる軽里大塚古墳は六世紀初頭ごろの築造で、四世紀後半であるはずの日本武の墓とするには相応しくない。ぼくは津堂城山古墳が『記』に記す河内の志幾の白鳥陵の第一候補とみている。

それにしても古市古墳群の主要古墳のなかに海の生物としてのクジラ、タコ、イカなどの土製品を埋納しているということは、それより古く実物のクジラの肉、タコやイカ（塩干物か）を古墳の被葬者に捧げる仕来りがあったのであろう。このことはいわゆる河内政権（水野祐氏のいう中王朝）の大王の出自を示唆するようである。さらにこのことから、前方後円墳と周濠とは、海と島（蓬萊山）とを意識した構築物をいう見方も生まれそうではある。ただしそれは周濠をもつ中期古墳からいえる試案で、周濠のまだない前期古墳では別の見方が必要である。

源頼信の八幡権現への祭文と六角堂

清和《せいわ》源氏は清和天皇の孫の六孫王を祖としている。六孫王は晩年に源経基《つねもと》と名乗る。

源氏は皇族出ではあるが、六孫王も東国の平将門《まさかど》や藤原純友《すみとも》の乱の鎮圧に活躍し武将としての道を歩み出す。源経基の孫がこれから述べる源頼信《よりのぶ》である。

源頼信も東国の平忠常《ただつね》の乱を追討使となって鎮圧した武将である。頼信は晩年に河内の国司になった。河内には清和源氏の根拠地の石川荘（誉田山古墳と同じ羽曳野市）がある。

頼信は永承《えいしょう》六年（一〇五一）に、八幡権現三所法躰に長文の祭文を奉った。この祭文は「河内守源頼信告文案」として『平安遺文』三巻に収められている。

『平安遺文』の編者でもある竹内理三氏は『日本の歴史』（中央公論社）の第六巻「武士の登場」のなかで、この祭文は石清水八幡宮に納めたとされている。しかし祭文にはそのことは書かれていないし、石清水八幡宮も応神天皇を祠るけれども山城にある。

誉田山古墳は「大菩薩御舎利の処」（長久五年（一〇四四）の太政官牒を写した石清水田中家文書）とよばれていた。大菩薩というのは神仏習合による称号である。平安時代には応神天皇を祭神とする石清水八幡宮も誉田八幡宮もともに神宮寺ができていて、石清水八幡宮は宮寺とよばれていた。

ぼくは頼信が祭文を納めたのは応神陵と信じられていた誉田山古墳、それも後円部頂上にあった御廟としての六角堂とみている。ではなぜ頼信は応神陵に祭文を奉ったのだろうか。

祭文のなかで、頼信は誉田天皇（応神のこと）を源氏二十二代前の祖として詳しく系譜の説明をしている。この場合、父の満仲《みつなか》を基点として経基、貞純《さだずみ》親王、陽成《ようぜい》天皇、清和天皇とさかのぼり、以下主要な人物だけでいえば柏原《かしわばら》天皇（桓武）、天智天皇、継体天皇、その父の彦主王子《ひこうし》（『紀』では彦主人王）とさかのぼり、彦主王子が八幡（応神のこと）五世の孫としての血統を述べている。

さらに別の個所で「曾祖陽成天皇者《は》権現之十八代孫也、頼信者《は》彼《かの》天皇（陽成のこと）之四世之孫也」として陽成天皇を重視している。通説の清和源氏ではなく、ここでは陽成源氏としての意識を表明している。

この祭文については、『京都の歴史を足元からさぐる』の「北野・紫野・洛中の巻」で、経基を祭神とする京都の六孫王神社の項でふれたし、陽成天皇のことは同じシリーズの「嵯峨・嵐山・花園・松尾の巻」でふれた。

後円部頂上の六角の宝殿は、周囲に六角形の塗塀があって、誉田八幡宮の奥の院として祠られ、江戸時代の絵図によく描かれている。しかし幕末の文久の修陵で取壊された。

この宝殿に使われたとみられる瓦があるという（藤沢一夫氏からの情報）。その年代は奈良時代中ごろで平城宮の瓦と似ているとも聞いた。もしその瓦が文様の示す年代のころに使われたとすると、後円部頂上の宝殿の創設の年代が奈良時代にさかのぼることになり、ひいてはこの古墳が応神天皇の廟とする信仰も奈良時代中頃にまでさかのぼることになる。このこ

図29　誉田山古墳の後円部頂上の六角堂（江戸時代の誉田山八幡社境内図の一部）

とは今もっとも自分で確かめたい点ではあるが、墳丘内への出入りができず残念である。

誉田山古墳の前方部の濠外に丸山古墳のあることはすでにふれた。この古墳の隣接地で奈良時代の瓦窯址が発掘されている。さらに同じ時期の瓦片が前方部正面の濠外で点々と出土していて、瓦窯址とは別に瓦葺の建物があった気配がある。墓寺の跡だろうか。これも今後の研究課題となる。

市野山古墳の二つの問題

市野山古墳は津堂城山古墳と同じように古市古墳群の北部にある。国府台地（段丘）の最北端に位置している。河内の国府は市野山古墳の北に接している。この地には縄文時代以来の拠点集落の国府遺跡があって、国府もその延長としてこの地に設置された。

市野山古墳の北方に式内社の志貴県主神社がある。志貴県主の祖八井耳命《やいみみのみこと》（神武天皇の子）などを祠っている。

『記』には雄略天皇が生駒山の直越《ただごえ》の道で河内へ行った時、堅魚木（カツオギ）をのせた建物が見えた。誰の家かと調べさせると、志幾大県主の家だった。天皇は「奴や己が家を天皇の御舎に似せて造れり」と激怒してその家を焼いてしまったという。この話は志貴の大県主の力の大きさを伝えていて、市野山古墳の被葬者を考えるさい頭の片隅に置いておいてよい。

市野山古墳は二重の濠をもつ墳長二三〇メートルの整った形の前方後円墳である。古市古墳群では第四の大きさの古墳である。外堤に接するような形で七基の陪墳が配され、このうち長持山古墳と唐櫃《からと》山《やま》古墳にはいわゆる阿蘇石（熊本県宇土半島産の凝灰岩）を用いた古式の家形石棺があって、主墳市野山古墳の被葬者像を考えるさいに好個の材料となる。

市野山古墳については、昭和二十五年に『古代学研究』二号に上田宏範氏が「前方後円墳築造の計画性」と題する論文を掲載し、そのなかで古市古墳群の市野山古墳、古市墓山古墳と三島野にある太田茶臼山古墳の三基が同一の築造企画で造営されたという指摘を発表された。『古代学研究』は三号までがガリ版印刷だったので、図面の表現に苦心した。上田論文は前方後円墳の築造企画について述べた初めての論文で、学史的にも記念してよい。

太田茶臼山（現・継体陵）は摂津国にあって、市野山古墳と古市墓山古墳は河内国にある。

しかし古くは津国（摂津のこと）は河内国に属していたとする説もある。

三基の前方後円墳が同一企画のもとに造営されたことは、造営の年代が近いことを意味するだろうし、同じ土師集団（河内の土師氏か）が造営に関与したとみられること、さらに三基の古墳の被葬者が血縁関係で結ばれている可能性はある。

市野山古墳は現在は允恭陵に治定されているし太田茶臼山古墳は継体陵に治定されている。古市墓山古墳は応神陵の陪墳扱いになっているが、そうではなく古墳群を構成する核となる古墳であることはいうまでもない。

太田茶臼山古墳は継体陵に指定されているとはいえ、継体陵は太田茶臼山古墳の東方約一・三キロにある今城塚《いましろづか》古墳とみられることは大正時代以来先学の研究の蓄積があって、考古学界の定説といってよい。さらに允恭陵については国際的な倭王の地位からいって大山古墳がより適当であるとする藤間説のあることは先に述べた。以上のように市野山古墳など同一の設計に基づいて造営された三基の前方後円墳の被葬者についてはまだ解決の光がさしてはいないのである。

ぼくが以前から唱えていることがある。それは今城塚古墳の被葬者を継体天皇とするだけでは、学問的な責任を果たしたことにはならないということである。太田茶臼山古墳の被葬者と今城塚古墳の被葬者とは深い関係があったはずだから、二古墳の被葬者についての試案がでて初めてコンマが打てたことになる。さらに太田茶臼山古墳の墳長は今城塚古墳の墳長よりも大きく、摂津最大の前方後円墳であって、三島県主など地域の豪族の墓とは考えにくいのである。ぼくは太田茶臼山古墳はヲホド王（継体天皇）の父・彦主人王の墓ではないかとみている。先に引いた源頼信の祭文でも、源氏の祖先として継体天皇を重視するだけではなく、父の彦主人王をも重視していたことは見逃せない。

ヲホド王は五〇七年に河内の樟葉で即位した。即位というより『紀』の描く情景からみるとヤマト政権の屈服の儀式である。越から南下して倭国の王となった継体天皇は、近江にあったと推定される彦主人王の墓を樟葉宮に近い三島野に移し、天皇の父の墓にふさわしい陵を造営したかとみる。今城塚古墳の造営より二十五年ほど前だったのだろう。

中国の咸陽市郊外の唐陵の集中地帯のはずれで、則天武《そくてんぶ》后《こう》が帝位についてから母・楊氏の墓を天子の母にふさわしい古墳に改造した順陵を訪れたことがある。順陵は楊氏の死後二十年の造営である。

では古市古墳群の二基はどうなるのか。古市墓山古墳は市野山古墳や太田茶臼山古墳の墳丘規模が近似するとはいえ、仲津山古墳の造営技術の影響も指摘されていて、前記の三基のなかではもっとも年代は遡りそうである。後円部頂上には格子文を刻んだ竜山石製の長持形石棺の蓋石が露出していた（現在はどうなっているかは知らない）。

戦後すぐに後円部頂上で靭形埴輪を掘った人がいる。これは一種の盗掘である。その人の将来を考え、ぼくの判断で東京国立博物館で保存してもらうことになった。この靭形埴輪の表面には、斜にあけた小孔が多数あった。そこに小枝をさしこみ大量の滑石製勾玉を垂下していたのであろう。

ぼくは偶然二人の採集者の家（別々）でこの古墳の滑石製勾玉数百個ずつを実見して数の多さに驚いたこともある。十年ほどしてその勾玉について尋ねたら、二人とも紛失したといって言葉を濁していた。このような葬送にさいしての祭祀に用いた滑石製勾玉は奈良県の室大墓古墳や京都府の久津川車塚古墳でも知られている。

古市墓山古墳には三基の方墳の陪墳が伴う。そのうちの野中古墳には三角板鋲留短甲四領、横矧板鋲留短甲三領、三角板革綴短甲三領の計十領の短甲を埋納していた。短甲のなかには襟付短甲もあった。冑は小札鋲留眉庇付冑七個と革製衝角付冑三個の計十個があり、短甲と冑の数が揃っている。このほか鉄製武器類が多いことと朝鮮半島南部の伽耶からもたらされたとみられる陶質の把手付壺があった。このことは古市墓山古墳の被葬者像を推定する手がかりになる。武人であり伽耶との交渉にも関与した人物とみられる。

ぼくは古市墓山古墳の被葬者を雄略天皇の子の白髪命《しらがのみこと》（清寧天皇）ではないかと推定する。現在清寧《せいねい》陵に治定されている白髪山古墳は墳長一一五メートルにすぎず、ぼくは今まで被葬者についての仮説の対象にされることの少なかった清寧陵としての検討が望まれる。将来のことだが代案のない反対の議論では意味はなかろう。

最後に市野山古墳はどうか。市野山古墳の被葬者を考えるさい、二基の陪墳が九州産の石材を使った古式の家形石棺に葬られていることは重要である。古式の家形石棺は中部九州の火（肥）国で舟形石棺からの変遷のたどれる石棺である。おそらく火国出身の豪族を有力な武将として用いていた被葬者像が浮かぶ。

ヲケ王（顕宗天皇）かオケ王（仁賢天皇）の墓とみるのも一案である。あるいは悲惨な死をとげた父・市辺王《いちべの》の墓を顕宗《けんそう》天皇が即位した後に造営したとみるのも一案であろう。市辺王には各地出身の豪族が仕えていた気配はある。

古市古墳群では、古墳群形成の最終段階での中型古墳の被葬者についての試案は出しにくく今後の課題としてのこる。ボケ山古墳（現、仁賢陵）、白髪山古墳（現、清寧陵）、峯塚古墳、高屋城山古墳（現、安閑陵）などである。

このうち高屋城山古墳からは、ササン朝ペルシャ製の切子ガラス碗が江戸時代に出土したと伝え、長らく西琳寺に所蔵されていた。しかし瓜二つのガラス碗が正倉院にあって、ぼくはもともと西琳寺に伝来した宝物だったと仮定したことがある。

白髪山古墳やボケ山古墳は、前方部の幅が後円部直径の二倍あまりあって、〝前方後円墳の墳丘の発達の頂点〟にあることは浜田耕作氏の指摘以来学界の常識になっていた。だがそれは墳丘の現形からの論議であって原形は別である。

昭和五十四年に宮内庁は初めて陵墓の濠の部分ではあるが学界に公開した（白髪山古墳）。この時の見聞では、文久の修陵にさいして土地の農民との妥協として、濠を溜池に拡大していた。さらにその工事で出た土を前方部の両端に積みあげ現状のような墳形になったとみられることを知った。このことを話すと、古墳の近くに住んでいた三木精一氏（故人）が文久以前の白髪山古墳の図面のあることを知らせてくれた。確かに前方部の幅の狭い図形の古墳だった。このことを含め古市古墳群についてはまだ多くの研究課題がのこされている。

なお河内大塚古墳については、九〇ページで夫の敏達天皇のため即位後の推古天皇が造営したことなどを述べた。

第七章

継体陵からの後期の天皇陵古墳

文献上のヲホド王と継体陵

ヲホド（男大迹）王の漢風諡号が継体である。他の天皇の漢風諡号とは違って、すでに『紀』のヲホド王二十四年の詔の文言のなかで、自らを「継体之君」とよんでいる。このことは水野祐氏が説くようにヲホド王から新王朝が始まったことを示唆している。接木のように、ヲホド王から別の系譜の幹がヤマト政権を継いだのである。考古学でも継体天皇のころからがほぼ後期古墳の時代となるとみてよかろう。

継体天皇の出自については二つの見方がある。一つは記紀が書くように、誉田天皇（品太王）つまり応神天皇の五世の孫で父が彦主人王とする見方である。もう一つは応神天皇の五世の孫というのは『紀』の編者の創作で、越の国の豪族、ただし日本海沿岸という地の利を生かして積極的に朝鮮半島の国々、とくに百済との交流があったとする見方で、ぼくは後者の見方に立ってきた。

ヲホド王が越の九頭竜川下流の三国《みくに》（のちに即位前に居た土地に敬語の御を冠してよんだのか）の坂中井（今日の坂井市とその周辺）で勢力を築いているころ、東海の豪族尾張連草香《おわりのむらじくさか》の娘の目子媛《めのこひめ》を娶って妻とし、のちの安閑《あんかん》天皇と宣化《せんか》天皇をもうけた。

尾張連草香の墓は熱田神社の近くにある断夫山《だんぷさん》古墳であることが定説化している。東海最大の前方後円墳である。尾張連草香は単に豪族時代のヲホド王に妻を出したというだけではなく、ヲホド王が越から河内へと南下するさい軍事的にも支えたとみられる。それらの功によって死にさいして大古墳が造営できたのであろう。なお継体天皇は即位後にヤマト勢力から仁賢天皇の娘手白香皇女を皇后にむかえ、のちの欽明天皇をもうけた。欽明陵が子の推古天皇によって大きく改造されたことには三九頁でふれた。それと手白香皇后の墓（衾田陵）は、西殿塚古墳ではなく西山塚古墳とみられることにも六四頁でふれた。

継体陵については記紀には造営記事はない。ただ『記』には「御陵は三嶋之藍御陵也」、『紀』では「藍野陵に葬る」とあるだけである。

藍は安威とも書く。『和名抄』での郷名である。阿為神社、安威山、安威川も島下郡にある。三嶋を八世紀初めごろに上郡と下郡に細分したのが島上郡と島下郡である。すでに述べた現・継体陵の太田茶臼山古墳は島下郡にある。

ところが『延喜式』の諸陵寮の項では「三島藍野陵　磐余玉穂宮御宇継体天皇　摂津国島上郡にあり　兆域東西三町　南北三町　守戸五烟」とある。島上郡には今城塚古墳が所在する。これはどういうことであろうか。

十二世紀後半の成立とみられる『扶桑略記《ふそうりやつき》』には、天皇陵のリストがある。継体陵については「摂津国嶋上郡三嶋藍野陵に葬る。高三丈、方三町」とある。

治承《じしよう》年間（一一七七～八一）の控えによって正治《しようじ》二年（一二〇〇）にまとめられた『諸陵雑《しよりようぞう》事注文《じちゆうもん》』では継体陵が記載されている。継体陵は鎌倉時代にもなお諸陵寮が管理していたのである。

それによると「一摂津島上郡（傍書に継体天皇）」とあって、あと十二月に餅百枚、水鳥二羽、鯛二隻、炭十籠などを納入していたことなどを記している。この水鳥が生きた水鳥か、食用とするため殺してあったかは不明である。鯛は加工品とみられる。それよりも継体陵の所在する郡を島下郡でなく、島上郡としていることは注目してよい。

『古事類苑《こじるいえん》』が引く西園寺公衡《さいおんじきんひら》の日記『公衡公記』では、〝弘安《こうあん》十一年（一二八八）二月二十五日に山陵犯人を召取ったこと〟、この山陵とは「継体天皇、摂津国島上陵」であることなどを記している。盗掘をうけたのであろう。このように平安時代から鎌倉時代には、継体陵

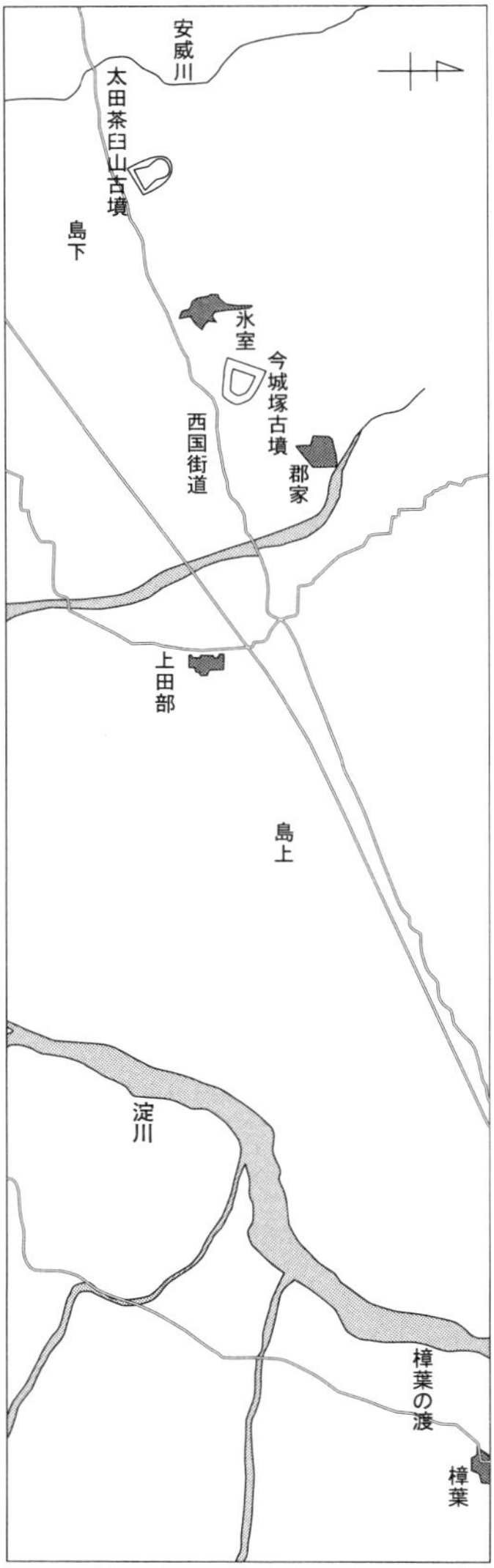

図30　三島野古墳群と樟葉

は島上郡にあるとして政府によって祭祀がつづけられていたのである。

以上の文献では継体陵は今城塚古墳のある島上郡に所在する。一方藍御陵とか藍野陵とよばれたとみられる太田茶臼山古墳は島下郡にある。さらに藍野の地名は島下郡で、島上郡ではない。このような矛盾点をどう説明すればよいだろう。

ぼくは太田茶臼山古墳は造営の年代や墳丘の規模からみて、即位後のヲホド王（継体）が父のために移築して大規模な山陵として造営したとみる。その古墳は地名をとって藍野陵とよばれていた。

ところが記紀の編纂段階では、継体天皇が造営したということから、藍野陵を継体陵と誤認する結果となったのであろう。

太田茶臼山古墳の被葬者について、ぼく以前に試案を発表したのが松下煌《あきら》氏（故人）である。松下氏は江上波夫氏の騎馬民族征服王朝説に心酔し、古代史の市民への啓蒙活動として「東アジアの古代文化を考える大阪の会」を結成した。残念なことに先年亡くなった。

松下氏は太田茶臼山古墳の被葬者を允恭天皇の皇后・忍坂大中姫《おしさかおおなかつひめ》を当てられないかと晩年考えておられた（上田正昭編『古代の日本と渡来の文化』）。一つの試案にはなるが、この説は市野山古墳を允恭陵とすることから出発していて、ぼくは賛成ではない。

今城塚古墳の研究史と現状

木村一郎という町の研究者がいた。大正二年（一九一三）に「継体天皇三島藍野陵に就いて」（『歴史地理』第二十一巻二号）を発表した。当時疑う人のなかった太田茶臼山古墳の継体陵説にたいして、島上郡にあるなどを根拠として今城塚（木村氏は今城山塚）こそ本当の継体陵であることを熱心に考えた。熱心のあまり宮内省の次官にも自説を書いた物を渡した。『歴史地理』の編者は、木村論文のあとに一文をのせ、「木村氏の云う所また一理あり」として、梅原末治の意見も併記するなどして木村論文を軽視すべきでないという態度を示した。当時としてはこれは勇気のいる行動だった。

気がかりな点がある。この論文の題名の次の行に「根岸病院内　木村一郎（投）」とある。どうやら普通の病人が入る病院ではなく、精神に異状ありとおもわれる人を入れる病院のようである。強制的に社会と隔離されたのであろうか。とにかく今城塚継体陵説は、戦後の言論の自由な状況下で唱えられ始めたのではなく、先人の一身を投げだしての世論喚起だったことを忘れてはならない。

ぼくは木村一郎のことは一九六五年に刊行した『古墳の発掘』でふれ、一九七九年に書いた『大阪府史』第一巻の「三島藍野陵」の項でもふれた。

学問をつづけるうえで大切なことは、その土地に最初に井戸を掘った人、つまり研究領域の開拓者を忘れてはならないということである。研究史を大切にしない人は真の研究者とはいい難い。

今城塚古墳は弘安十一年に盗掘をされたし、戦国時代には濠や墳丘を利用して城にされるなど墳丘はかなり損傷をうけていた。地震学者の寒川旭氏によると、今城塚古墳の墳丘は一五九六年（文禄五年）の伏見地震によるとみられる地崩れ跡もあるという（『秀吉を襲った大地震』）。

戦後になって徐々に真の継体陵であることが知れ渡り、高槻市教育委員会では保存のための範囲確認の発掘を数次にわたって継続しておこなった。

ぼくが不可解に思うことがある。それは天皇陵古墳全般について、墳丘内への研究者の立入りを頑《かたく》なに拒否している宮内庁が、治定もれとはいえ継体陵が発掘されつづけても一度も態度を表明していないことである。無視するというか傍観者の態度をとりつづけた。宮内庁には考古学者をいれた陵墓委員会もあるはずであって、ぼくは無責任だと思う。これは文部科学省が所管する文化財保護委員会にもいえることである。

このように問題点をかかえながらではあるが、高槻市は二〇一一年四月一日から史跡今城塚古墳公園を開園した。傍らには今城塚古代歴史館も開設されている。

この公園化によって墳丘の両くびれ部に造出しを具えた墳長一九〇メートルの前方後円墳と広大な内濠と幅広い内堤、さらにその外側の幅の狭い二重濠の全容を歩いて体感することができるようになった。

今城塚古墳の南側くびれ部外の二重濠の外に接して武人や巫女、力士などの埴輪や馬・水鳥・鶏などの埴輪、さらに柵や門の埴輪で構成された埴輪の祭祀場跡も見つかった。越から南下してきた新王朝の大王が、それ以前の誉田山古墳や大山古墳など中王朝の大王らがおこなっていた埴輪祭祀を、一層壮大にした様子が見てとれる。

この埴輪祭祀は、そこから約一〇〇メートル南を東から西へと通じる西国街道（古代の山陽道とそれ以前からの古道）が通じていて、この道を通る人が眺めたのであろう。

なお今城塚古墳の陪墳とみられる前塚古墳には長持形石棺を使っていた（茨木高校に移されている）。中王朝の大王がよく採用していた石棺で、その最後の形のようである。もし今城塚古墳の被葬者も長持形石棺を用いているのであれば、継体天皇は新王朝の始祖とはいえ中王朝の墓制を踏襲していたといえそうである。これも後考にまつ。

継体天皇の長子・安閑天皇とその陵

ヲホド王が即位前に尾張連草香の娘の目子媛を娶って産ませたのがのちの安閑天皇と宣化天皇である。

安閑天皇は三嶋に行って、三嶋県主飯粒《いいぼ》に竹村《たかふ》（和名抄の島上郡の高上郷か）の地四十町を献じさせている。高槻市の水田地帯とみられ、この地の収穫を太田茶臼山古墳や今城塚古墳の維持にあてたのであろう。

このとき河内から摂津にかけての豪族だった大《おおし》（凡）河内直味張《かおちのあたいあぢはり》も、田地の耕作に使役する钁丁《くわよほろ》五百人の提供を申し出た。その結果、竹村屯倉《みやけ》には河内県の部曲《かきべ》で構成される田部《たべ》ができた。なお田部の地名は高槻市に上田部という広い範囲にわたる地名がのこっている。高槻市の市街地からさらに南の低地にかけての地名である。ここには官田関係とみられる奈良時代の上田部遺跡があって、木製農具や牛耕に使ったとみられる牛骨も出土し、墨書土器のなかに「田子」の墨書銘もあって耕作者の俗称のようである。

以上述べたように今城塚古墳の東方から東南にかけては上田部があり、その範囲内には土師氏が奉祭していたと推定される式内社の野身神社もある。さらに今城塚古墳の北東の郡家《ぐんげ》には、島上郡の郡衙があったとみられ、ことによるとこの地に三嶋県主の拠点集落もあったのであろう。さらに今城塚古墳の南西に接して氷室の地名がある。この氷室も葬送に関連して必要だったのであろうか。要するに今城塚古墳の周辺の地名や遺跡を手がかりにして、大王墓が造営された地域の関係遺跡を総合的に捉えることも今後にのこされた研究課題である。

安閑天皇は大倭《やまと》の勾金橋宮《まがりのかなはしのみや》で亡くなった。そこで春日山田（仁賢天皇の娘）皇后とともに河内の舊市の高屋丘陵に合葬した。高屋丘陵は高屋城山古墳に治定されていて、地名や造営年代からみて蓋然性は高い。墳長一二二メートルの前方後円墳で周濠を具えている。戦国時代には畠山氏の高屋城の本丸に取りこまれていた。なお高屋城山古墳のすぐ南側に墳長一〇〇メートルほどの古墳があった痕跡があり、高屋城の三の丸に取りこまれている。これが春日山田皇后の陵の可能性が高い。

宣化天皇の宮と陵、東漢氏との関係

継体天皇の第二子の宣化天皇は檜隈廬入野宮《いおりののみや》を都とした。檜隈は飛鳥の南部にあって、渡

来系氏族の雄・東漢氏《やまとのあやうじ》の本貫の地である。八世紀に東漢氏の宗家の立場にあった坂上忌寸苅田麻呂《かりたまろ》は、宝亀《ほうき》三年（七七二）四月に上奏文をだし、その一節に阿智使主を祖とする東漢氏は高市郡檜前村に居て「凡そ高市郡内は、檜前忌寸及び十七県の人夫が地に満ちて居し、他姓の者は十にして一、二なり」とある（『続日本紀』）。

この文言には多少の誇張はあったとしても、高市郡、とくに檜隈（前）村には東漢氏系の人々が多かったことは推測できる。なお苅田麻呂は武人としても名高く、田村麻呂《たむらまろ》の父である。

ぼくは以前から古代の天皇のなかには、渡来人が多く住む土地に入り込む形で都を営んだ例の多いことに注目している。継体天皇の河内の樟葉宮《くすはのみや》（百済人の百済氏）や山背の筒城宮《つつきのみや》（百済人の奴理能美）、天智天皇の近江の大津宮（百済系の錦部氏や大友氏）、桓武天皇の山城の平安京（中国系の秦氏）、さらに仁徳天皇の高津宮もその南部が三部からなる百済郡に重なっているなどその例は枚挙に暇がない。

伝承上の宮を別にすると、宣化天皇の檜隈廬入野宮は渡来人の集住地に入りこんだ宮都としては古い例である。そればかりか藤原京までつづく飛鳥にあった宮群のなかでも最古の例である。

慶雲《けいうん》四年（七〇七）に死んだ威奈真人大村《いなのまひとおおむら》の墓誌（奈良県香芝市で出土）をかねた蔵骨器の

長い銘文の冒頭に大村は「檜前五百野宮御宇天皇之四世後」とあって、八世紀に実在の宮とされていたことが分る。

宣化天皇は死後に『紀』によれば「大倭国の身狭桃花坂上陵《むさのつきさかのうえのみささぎ》に葬った」という。身狭は地域の地名、桃花鳥坂はさらに限定できる地名でこの陵は鳥屋ミサンザイ古墳に治定されている。墳長一三八メートルの周濠をもつ前方後円墳である。

この古墳は奈良県最大の群集墳である新沢千塚古墳群のはずれにある。まるで普段着の群集のなかに着飾った貴人が一人立っているようで違和感がある。

考えてみると新沢千塚古墳群は東漢氏の集団墓地の可能性が高く、その群の一員として鳥屋ミサンザイ古墳があるということは、宣化の都が檜隈にあることと軌を一にしているようである。宣化天皇は『紀』によれば、檜隈高田皇子の名ももっていて、即位前から檜隈の地に関係していたとみられる。宣化天皇と東漢氏がどうして深く結びついたのかの研究はさらに深めねばならない面白そうな課題である。

欽明陵から崇峻陵までの古墳時代後期の陵

欽明陵についての記事は『紀』では珍しく反復して述べられている。この記事に関するとみられるのが五条野丸山古墳と梅山古墳であって、それについては三九頁で説明した。なお

図31　五条野丸山古墳（後円部に日本一長い横穴式石室がある。1963年撮影）

堅塩媛を檜隈大陵に改葬してから八年たった推古二十八年に檜隈陵を砂礫で葺き域外に大柱を建てた記事がある（『紀』）。これは元の堅塩媛の墓である梅山古墳を空墓にするための儀式と処置をおこなったことを示すのであろう。

敏達陵については、河内大塚古墳であろうとする推理を八八～九三頁で述べた。五条野丸山古墳と河内大塚古墳はどちらも推古天皇が造営にかかわっていた節がある。このように推古天皇の時に造営されたとみる檜隈大陵（五条野丸山古墳）や河内大塚古墳は近畿地方では最後の巨大前方後円墳であって、古墳時代後期の最後に出現したのであろう。

用明天皇は欽明天皇の第四子で母は堅塩

媛である。欽明天皇と堅塩媛には七人の男、六人の女があってその一人が炊屋姫（のちの推古女帝）である。

用明天皇は『紀』によれば磐余池上陵に葬られている。磐余池は埴安池ともよばれ、今日も桜井市に池の内と東池尻の地名をのこしている（『萬葉集に歴史を読む』の「大津皇子と草壁皇子の挽歌」の項）。桜井市の南西、香久山の東方にある巨石を組んだ横穴式石室をもつ古墳のどれか、例えば方墳の艸墓《くさはか》古墳や谷首古墳が候補となる。

興味深いことがある。『記』によれば、用明天皇は「石寸掖上《いわれのわきのうえ》に在りしを、後に科長中陵に遷す」とある。掖はわきの下、ここは谷池（谷口をせきとめた池）のことである。推古天皇の兄弟だった用明天皇も、陵がヤマトから河内に遷されている。『記』がいう「後」とは、推古天皇のときであろうか。

『延喜式』の諸陵寮の項にある用明天皇の陵では「河内磯長原陵　磐余池辺列槻宮御宇用明天皇　河内国石川郡に在り　兆域東西二町　南北三町　守戸三烟」とある。

『記』で磯長中陵としているのは、敏達天皇を母・石姫の墓（太子西山古墳）に一度葬ったとみられ、その古墳と聖徳太子墓（叡福寺北古墳）との中間にあることで中陵としたのであろう。現・用明陵は一辺約六五メートルの濠を具えた方墳、春日向山古墳が治定されていて、とりたてていう矛盾点はない。磯長谷古墳群中で最大規模の方墳である。

崇峻天皇の治世下では天皇家にとって長年の目の上の瘤《こぶ》のような存在だった河内の物部氏の宗家を滅ぼす事件もあった。だが台頭の著しい蘇我馬子の命をうけた東漢直駒《あたいこま》が崇峻天皇を殺害してしまった。『紀』では天皇を「倉梯岡陵《くらはしのおか》に葬った」と記す。『記』では「御陵は倉椅岡上にあり」としている。この古墳は桜井市倉橋にある方墳の赤坂天王山古墳であることはほぼ定説になっている。

ところが『延喜式』の諸陵寮の項では、倉梯岡陵について「大和国十市郡にある」とはするものの「陵地と陵戸なし」とする異例な記述がある。どうやら律令体制下で崇峻陵をめぐって何らかの動きがあったようである。

斑鳩《いかるが》にある法隆寺では藤ノ木古墳をミササキとして扱い、石室の入口に陵堂（荒陵寺か）を設け供養と管理を江戸時代末まで続けていた。法隆寺の学僧・高田良信氏は、藤ノ木古墳の名よりも法隆寺ミササキ古墳か法隆寺陵山古墳がふさわしいと発言されていて、ぼくも同感である。

倉橋にあった崇峻陵とは別に、法隆寺の隣接地にも陵があったのかなど問題はのこるが、古代から近世まで法隆寺が藤ノ木古墳をミササキとして供養しつづけたという事実は重要である。ぼくは「考古学と天皇陵」のなかで「藤ノ木古墳と陵山」の項を設け詳しく書いたので（『天皇陵古墳』）ここでは簡略にする。

なお藤ノ木古墳の石棺には二体の人骨がのこっていて、骨からの人類学者の見解では男二体の合葬とされている。しかし北側の人骨は残り方が悪く、頭骨と足の先の指しかのこっていない。この人骨は足首に玉（足玉）をまいていたとみられ、女の可能性も考古学的な方法ではのこる。このことは被葬者を割出すうえで大きな検討点になり、ここに注意しておく。

ここで述べた艸墓古墳、赤坂天王山古墳、藤ノ木古墳は横穴式石室やそこにある家形石棺を見学できるので、内部の見られる天皇陵古墳の有力候補として見学することを勧める。

古墳時代後期の棹尾の推古陵についても、三四頁で詳しく述べたのでここでは省く。

第八章

舒明陵から文武陵までの終末期の天皇陵古墳

舒明陵と段ノ塚式墓域

古墳時代後期のあとを終末期とよんでいる。天皇陵古墳では舒明《じょめい》陵から文武《もんむ》天皇までである。文武陵よりあとでも、称徳陵や平城陵のように古墳を採用（復活）したとみられる例もあるが、それらの問題は古墳時代終末期とは切り離して扱っておきたい。

舒明天皇（敏達天皇の孫で父は押坂彦人大兄）は六四一年に百済宮で亡くなった。そのあと宮の北で大がかりな殯（大殯）をした。このとき十六歳の東宮（のちの天智天皇）が誄《しのびごと》を奏上した。

六四二年（皇極天皇元年）に亡き舒明天皇の葬儀がおこなわれ滑谷岡（明日香村又野）に葬り、翌年の九月に押坂陵に改葬した。

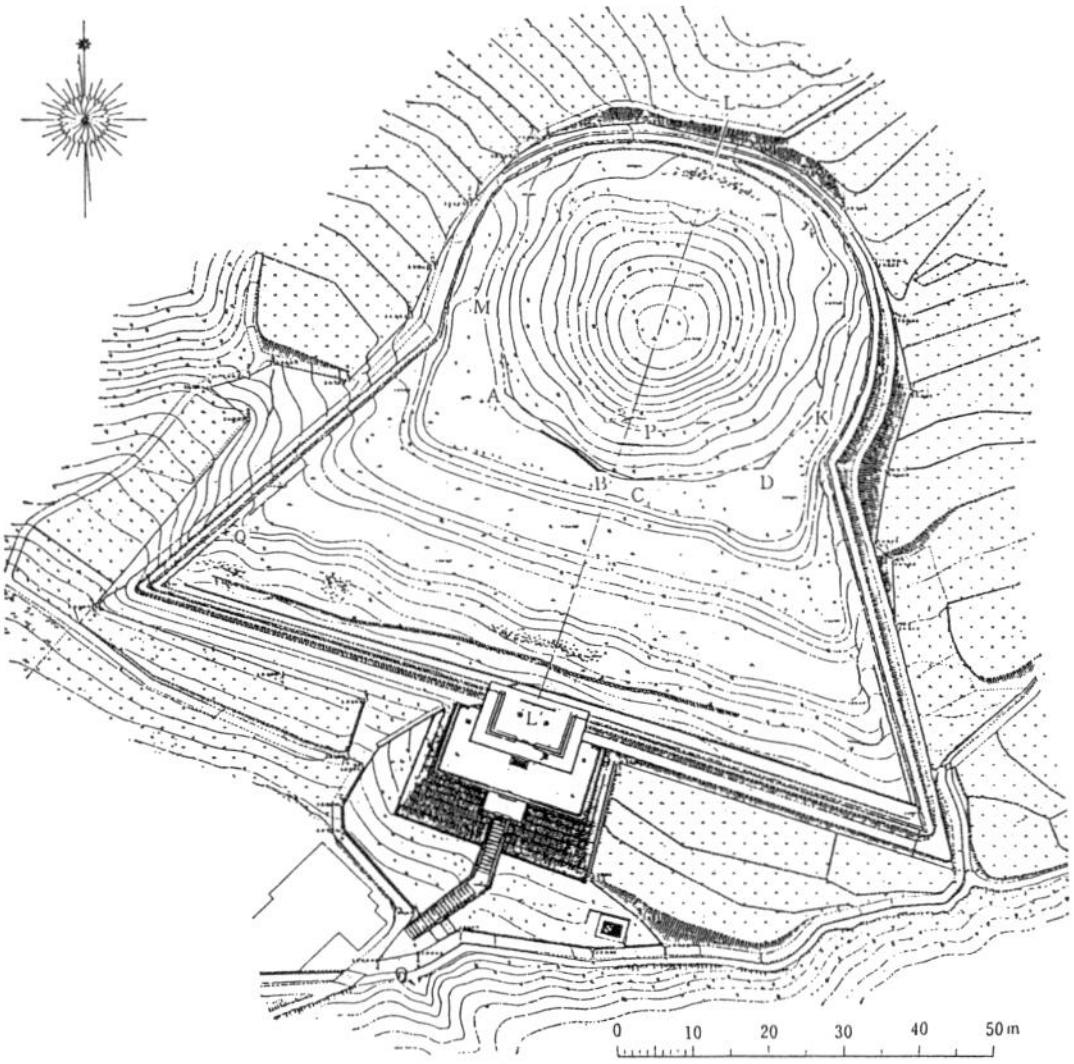

図32　「段ノ塚古墳」墳丘図（『書陵部紀要』第46号、1995より。前方後円形の輪郭は文久の修陵での強調）

押坂は忍坂とも表記し、桜井市市街地の南東、粟原川流域の山あいの地形である。舒明陵は粟原川右岸の山麓にあって、古くから段ノ塚とよばれている。考古学ではその名をとって段ノ塚古墳とよんでいる。先に述べた最初の崇峻陵とみられる赤坂天王山古墳は、段ノ塚古墳の南方一・六キロに所在する。

段ノ塚古墳の墳丘は八角形である。天皇陵古墳はこれ以降、方墳から八角墳へと推移している。

段ノ塚古墳では、八角墳の正面下方の山の斜面に手を加え三段を設けている。この段は八角墳をめぐるのでなく、正面の斜面の部分だけの地形を改変したもので、そのような土地（墓域）の利用をぼくは段ノ塚式墓域とよんでいる。全国に点々としてみられ、丹波の綾部市にある山賀古墳もその一例になる。

忍坂の地名からみても、舒明陵の治定はそれでよかろう。

舒明天皇の次には押坂彦人《おしさかのひこひと》皇子の孫の皇極《こうぎょく》天皇（女帝）が即位した。皇極天皇は弟の孝徳《こうとく》天皇に一時位を譲ったが重祚したのが斉明《さいめい》天皇である。大土木工事を好んでおこない、飛鳥一帯に各種の巨大な石造物をのこした人としても名高く、作家松本清張氏が『火の路』の名作をのこしたことでも知られている。斉明陵について書く前に孝徳陵にふれておこう。

孝徳天皇の甲申の薄葬の詔

この天皇は敏達天皇の子の押坂彦人大兄皇子の孫で軽皇子《かるのみこ》といった。ふれておかねばならないのは、押坂彦人大兄皇子についてである。この皇子は『記』では「忍坂日子人太子、亦名麻呂古王」と書かれ、皇統のなかでの役割が大きかったと思う。『延喜式』の諸陵寮の項では、大和国広瀬郡にある押坂彦人大兄皇子の墓は「成相墓《なりあいのはか》」として記され、「兆域東西十五町、南北二十町、守戸五烟」とあって、皇子の墓としては例外的に兆域が広く、守戸も多かった。

考古学では、広陵町にある牧野《ばくや》古墳を当てる説が有力である。巨石で構築した横穴式石室が開口した古墳（円墳か）で、石室には二つの石棺があり、玄室の石棺は竜山石を用いた家形石棺で成相墓の可能性は高い。

孝徳天皇の治世は六四五年の乙巳《いっし》の変で始まっている。いわゆる「大化《たいか》の改新」である。しかし大化という元号の実在を証明する同時代史料はなく、ぼくは大化を使うことを保留している。したがって六四六年のこととして『紀』に詳述されている「大化の薄葬令」も「甲《こう》申《しん》の薄葬の詔」ということにする。甲申は『紀』にでている薄葬の詔の出た日の干支である。

このように政治的な激動を乗り切った天皇ではあるが晩年は不遇で、皇太子だった中大兄《なかのおおえ》らは天皇を難波長柄豊碕《ながらとよさき》宮（難波宮ともいう）に残して大挙して倭京へ行ってしまった。そこで孝徳天皇は山背の山碕に宮を作って抵抗した。しかし六五四年に天皇は難波宮で亡くなった。殯は百舌鳥の土師連土徳《つちとこ》が担当し、天皇を大坂磯長陵に葬った。『延喜式』ではこの陵について「河内国石川郡にあり　兆域東西五町、南北五町、守戸三烟」と記している。

現在孝徳陵に治定されているのは、山田上ノ山古墳で、八角墳ともいわれているがまだ精査はおこなわれていない。山頂に築かれ江戸時代に横口式石槨とみられる石の露出を書くものもあるがこれも詳細は不明である（伴林光平『河内国陵墓図』）。

磯長谷を見下ろす丘陵上に終末期の注目される古墳がある。御嶺山古墳で発音すると「ゴリョウ」山である。切石で構築した石室に巨大な天井石をのせ、石室いっぱいに棺台を据えている。棺台の側面には格狭間《こうざま》の彫刻がある。漆棺をのせていたとみられる。

棺をいれると余裕のない小石室ではあるが、丁寧にこしらえられていて、甲申の詔で薄葬主義を述べた孝徳天皇の陵か有力な皇族の墓の可能性はあるとぼくはみていて後考に待つ。

斉明天皇の陵と牽牛子塚古墳

斉明天皇は朝鮮半島の混乱にそなえるため、多くの皇族を従えて筑紫に行き、その最中の六六一年に朝倉橘広庭宮で亡くなった。いよいよ皇太子の中大兄が腕をふるえる時代が到来した。殯の最中のことである。朝倉山の頂に大笠をかぶった鬼があらわれ、葬儀の様子を見ていたという。

天智天皇の六年（六六七）、舒明天皇と皇后・宝《たから》皇女（即位前の斉明天皇）の子の間人《はしひと》皇女（孝徳天皇の皇后）を斉明天皇を葬る小市岡上陵に合葬した。この日、天智天皇の皇女の大田皇女をも陵の前の墓に葬った（以上『紀』）。小市とは漢字一字で表記すると越であろう。

明日香村の大字越に塚御門という小字名があって、小高い丘の上に巨石を刳《くり》抜《ぬ》いた大石槨をもつ牽牛子《けんごし》塚古墳がある。古墳の所在する丘陵は越智岡丘陵とも真弓岡ともよばれ、七世紀の終末期古墳が点在している。天皇家の墓地域であろう。

『延喜式』では、斉明陵について「越智崗上陵　飛鳥川原宮御宇皇極天皇　大和国高市郡にあり　兆域東西五町　南北五町　陵戸五烟」としている。

想像をも加えると、六六一年に筑紫で亡くなった斉明天皇の遺骸は、二か月ほどの日数をかけてヤマトへ運ばれ、同年の十一月に飛鳥の川原で殯をし盛大な葬儀をおこなった。天智紀には、斉明陵の造営の記事はなく、先ほど述べたように六六七年の間人皇女の合葬記事となる。ということは斉明天皇の陵はそれ以前、おそらく斉明天皇の存命中に築かれていた寿陵であろう。このことには後でもふれる。

宮内庁は高市郡高取町車木に斉明陵を治定しているが、陵名の小市（越智）、さらに巨大な合葬用の石槨からみて、牽牛子塚古墳であることは動かないだろう。

牽牛子塚古墳は、大正時代から漆棺の断片と棺を飾った七宝金具の出土で有名で、数か所に所蔵されている。棺に漆を用いることは終末期になって現れ、木棺・陶棺・石棺・籠棺に漆をぬったもの、布と漆を交互に重ねたもの（乾漆棺とか夾紵棺《きょうちょかん》）などがある。

猪熊兼勝氏の「夾紵棺—玉手山安福寺蔵品に関連して」（『終末期古墳』所収）を参考にすれば、牽牛子塚古墳の夾紵棺はカラムシの布と漆を三十五回ほど重ねたもので、仏像での乾漆像の出現とも軌を一にしている。

この夾紵棺を収めた埋葬施設は、二上山の牡丹洞の石切場から切り出されたと推定される流紋岩質凝灰岩（いわゆる松香石）の巨石を利用している。二棺を別々に収めることができる横口式石槨で、重量は優に百トン以上はある。石舞台古墳の天井石（七七トン）よりも大きく、時期を問わず古墳で使用している最大の巨岩である。

飛鳥の一帯に謎の石造物をのこし、その一つの運河は「狂心の渠《みぞ》」とよばれた。そのような斉明天皇であるから、それに相応しい埋葬施設といえる。

牽牛子塚古墳の墳丘は、環境整備の資料をえるため昭和五十二年に網干善教氏（故人）を担当者としておこなわれた。このさい大正の発掘時にかき出されたとみられる土のなかから成人の歯が検出され、断定はできないものの女性の平均値を示しているという。これは斉明天皇の歯かもしれない。なおこの時には墳形については決定するほどの状況はなかった。

しかしこの発掘のころから、牽牛子塚古墳は八角墳でないかと推定する人が出始めた。菅谷文則氏は「八角堂の建立を通じてみた古墳終末時の一様相」（『終末期古墳』所収）で、明日香村の中尾山古墳と牽牛子塚古墳が八角墳とみられそうであると注意をした。

二〇一〇年に明日香村教育委員会は牽牛子塚古墳の墳丘の確認調査をおこない、版築《はんちく》技法で土を盛りあげた墳丘は見事な八角墳であることが明らかになった。墳丘の裾が凝灰岩の切石で固められ、最大径が二二メートルだった。

先ほども述べたようにこの陵の兆域は東西、南北ともに五町あったから、墳丘は兆域のごく一部だったとみてよい。確認調査が大石槨の前方へ進むと、もう一基の横口式石槨の残存部が検出され、越塚御門《こしのつかごもん》古墳と命名された。ここからも漆の膜片が出土していて、石槨には漆塗木棺が収められていたとみられ皇族を葬ったのであろう。

越塚御門古墳は牽牛子塚古墳の兆域内にあったとみられ、間人皇女か大田皇女の墓であろう。では大石槨に別々の棺でいれられたのは誰だろうか。関係するもう一つの記述が『紀』にある。

斉明天皇の四年（六五八）に皇族の建王《たけるおう》が八歳で死に、殯を今木谷でおこなった。吉野川にのぞむ地であろう。建王は中大兄皇子と妃の遠智娘《おちのいらつめ》との子で大田皇女の弟である。斉明天皇は建王をかわいがり、その死にさいして群臣に「万歳千秋ののちに、朕が陵に合葬せよ」と命じて、三つの歌を詠んだ。第一の歌だけを示そう。

今城《いまき》なる　小丘が上に　雲だにも　著《しる》くし立たば　何か歎かむ

さらに有間《ありま》皇子の事件の直前に紀の温湯《ゆ》に滞在したときにも建王を憶い、愴爾《いた》み悲しみ泣てここでも三つの歌を詠んでいる（歌は省略）。

このように建王を自分の陵に合葬するのが斉明天皇の強い意志だったから、二人用の大石槨は建王のために斉明天皇の存命中、おそらく建王の殯のあとで用意したとみられる。大石槨前方の越塚御門古墳は間人皇女か大田皇女を葬ったとみられ、兆域内にはまだ別の石槨が埋まっているか陪墳があるとみられる。

斉明陵（越智山陵）と後に述べる天智陵（山科山陵）は、造営後になっても外域の整備工事がおこなわれた節がある。文武天皇の三年（六九九）に越智と山科の二山陵を営造せんとして、衣縫王《いぬい》や土師宿禰根麻呂《ねまろ》らが越智山陵の工事の担当者に任命されている。

さらに天平十四年（七四二）には、越智山陵に地崩れがあって、修理をするとともに采女や女嬬《にょじゅ》（女官）を遣わして供奉などをおこなっている（ともに『続日本紀』）。おそらく兆域の一部が地崩れしたのであろう。このように斉明陵は天智陵とともに、後まで管理が配慮されていた。

以上のように推理すると、牽牛子塚古墳の兆域内にはもう一基の古墳が存在する可能性がある。兆域が八角墳を中心にして東西と南北に二・五町あったとみるとはずれるけれども、東西のどちらかが広かったとみると、越岩屋山古墳と真弓鑵子塚古墳のどちらかが該当する。もし方墳の越岩屋山古墳だとすると天智四年に死に、供養のために三百三十人が出家させられた間人大后がその古墳の被葬者に相応しいであろう。切石で構築した横穴式石室は完成された石工《いしく》技術が見られる。

最後にメモすることがある。ぼくは二〇〇九年七月に文春文庫で松本清張氏の『火の路』の「解説と付言」を書いた（下巻）。そのなかで飛鳥の石造物については近年の発掘で新しい成果が出たことを述べた。その一節に「清張さんは益田岩船を斉明期のものと推測された。ここからはぼくの付言である。益田岩船のすぐ南に終末期の牽牛子塚古墳がある。合葬用の大石槨を有する八角墳で、最近は斉明天皇と間人皇女を合葬した小市（越智）岡上陵の可能性が浮上している。両者の関係についてさらに追究してよかろう」と述べた。今なら間人皇女を建王と書く。それはともかく、この時点で牽牛子塚古墳をすでに八角墳とみていたこと、七、八百トンはあるとみられる謎の石造物である益田岩船との関係を指摘した。このことは牽牛子塚古墳を考えるのに銘記しておくべきことであろう。ぼくもさらに考えてみよう。

天智陵と御廟野古墳

中大兄皇子が即位して天智天皇となった。波瀾万丈の生涯を送った人物だが晩年は不遇だった。それに同情したのか額田王《ぬかたのおおきみ》が好き《よ》愛人として死を見送るまで仕えた。このことは『萬葉集に歴史を読む』で縷々《るる》述べた。

天智天皇は六七一年に近江宮で亡くなった。死の直前には弟の大海人《おおあま》皇子が近江を脱出して吉野に籠り、吉野で新政権の樹立をめざして軍事行動の準備を始めた。

壬申《じんしん》の乱の激戦のすえ天智天皇の子の大友《おおとも》皇子が君臨する近江朝は壊滅し、大海人皇子は即位し飛鳥浄御原宮で新政権が発足した。天武天皇と持統皇后との天武朝が始まった。『紀』は天武天皇の行動に焦点を当てさらに正当化する立場で記述しているため、天智天皇の陵の造営や陵に葬った時期などは一切書いていない。故意に削除したとみられる。

幸い『萬葉集』には、陵地の選定から陵への埋葬、さらに葬儀が終って人々が退散してしまうまでの九首の歌がのせられていて、天智天皇の死にさいしては陵の外域の整備はのこったけれども、墳丘の造営は終っていてそこに葬ったとみられる。このことも、『萬葉集に歴史を読む』の「天智天皇の晩年から死の直後までをさぐる」の章で詳述した。細かい内容はこの本を参考にしてほしい。

天智陵は山背国宇治郡山科郷にあって、上段が八角、下段が方形の上八角下方墳で、兆域が東西、南北とも十四町と広大で、さらに奈良時代から平安時代には天皇家が厚く祭祀した筆頭の先祖の陵となるのである。

なお壬申の乱で敗れ、山崎で死んだ大友皇子の墓については『京都の歴史を足元からさぐる』の「丹後・丹波・乙訓の巻」の「大友皇子が死の場所とした山前」と「銭原古墓と須恵器の骨壺」の項で書いたのでこれも参照してほしい。

天武・持統合葬陵と野口王墓古墳

すでにふれたように、江戸時代の末には五条野丸山古墳が天武天皇と持統天皇を合葬した古墳とみられていた。『紀』の記述は持統天皇が位を草壁《くさかべ》皇子の子の軽（珂瑠）皇子に譲ったところで終っている。

即位後の軽皇子が文武天皇で、持統は太上天皇として七〇二年十二月に亡くなる直前まで活動をつづけた。三河行幸である。これは夫の天武天皇が計画した信濃遷都への準備とみられる。これも『萬葉集に歴史を読む』で書いた。

持統太上天皇は大宝二年(七〇二)十二月に亡くなった。三河行幸から帰った翌月の死である。殯のあと七〇三年の十二月に飛鳥の岡で火葬し、夫の天武天皇を葬る大内山陵に葬った。この火葬は天皇として最初であるばかりか、ヤマトでの火葬としてはごく初期のものである。

先にも述べたように江戸時代から明治初年まで、天武・持統合葬陵は五条野丸山古墳とみられていた。この古墳の横穴式石室には二つの家形石棺がいれてあるので二人の天皇の合葬と早とちりをしたのである。だがよく考えてみれば持統太上天皇は火葬にふされたのだから、石棺でなく蔵骨器であるはずである。

明治十三年(一八八〇)に京都の栂尾にある高山寺《こうさんじ》で田中教忠が一枚の古文書を見つけた。これには「阿不幾乃山陵記」の題がある(田中教忠「阿不幾乃山陵記考證」『考古界』五巻六号)。アオキノサンリョウとは青木山陵と書くこともある大内陵である。『延喜式』では「檜隈大内陵　飛鳥浄御原宮御宇天武天皇　大和国高市郡に在り　兆域東西五町　南北四町　陵戸五烟」とあり、持統天皇についても同じ陵に合葬したと記している。

考古学での命名法での野口王墓で八角墳である。しかし近世にも野口王墓古墳が天武・持

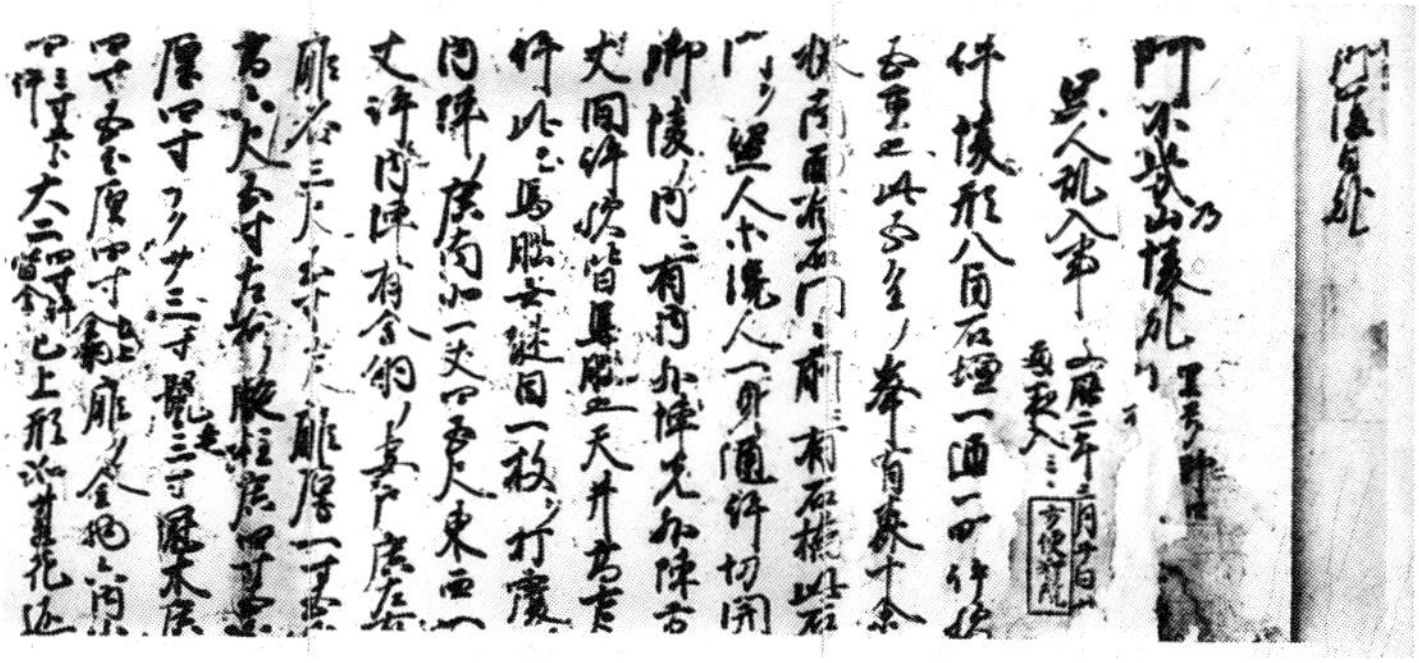

図33　「阿不幾乃山陵記」の巻頭部分

統合葬陵であるという伝承は途切れていて、秋里籬島《あきざとりとう》の『大和名勝図会』（寛政三年）では、石室の開口しているこの古墳の図をのせ、「倭彦命窟、土人武烈の窟といふ」と書いている。

伝○○陵の書き方をしている本を今でも見かけるが、古墳の被葬者の伝承とか伝説に真実を伝えた例をぼくは知らない。

『阿不幾乃山陵記』は嘉禎《かてい》元年（九月までは文暦二年、一二三五）の三月、大内陵が賊に荒らされた事後に京都から派遣された誰かがまとめた記録である。

この事件は都でも大きな事件だったらしく、藤原定家《ていか》の日記『明月記《めいげつき》』にも書かれているし、編年体の歴史書である『百練《ひゃくれん》（錬）抄《しょう》』にも、三年後に犯人が検挙され都に連行された時、多くの見物人が集まったことが書かれている。

『阿不幾乃山陵記』によって、横穴式石室の大きさや構造、漆塗木棺の様子、蔵骨器のことなどが丹念に記録されている。これについては多くの研究があるし、ぼくも『古墳の発掘』の「天武・持統合葬陵」の項で詳しく述べたのでここでは省く。

ただこの石室は大きさから推測すると、本来は天武天皇一人の棺を収めるために作られたのであろう。もう一つの棺を置く空間がなく、そのため何としても夫と同じ墓に葬ってほしいとする持統天皇の願望によって火葬にされ、遺骸の体積を骨灰としたとぼくはみている。そこには持統天皇の性格と晩年の考え方がよくでているとみるのである。

見ならうべき事がおこった。「阿不幾乃山陵記」の価値がわかった翌年に、明治政府は天武・持統合葬陵を丸山古墳から野口王墓古墳へと指定替えをおこない、今日に至っている。そのため五条野丸山古墳は陵墓参考地になった。これをみても明治政府の積極性と学問を尊重する姿勢がよく分る。〝賢人は歴史に学ぶ〟というけれども心すべきことであろう。

文武陵は中尾山古墳か

草壁皇子（岡宮御宇天皇と追尊）を父とし天智天皇の娘の阿閉皇女を母として生まれたのが軽皇子で、即位して文武天皇となった。藤原不比等の力をもかり大宝律令の制定などの功績はあったが藤原京最後の天皇となった。

図34 『御陵絵図』に描かれた野口王墓古墳（家蔵本）

飛鳥時代は文武天皇で終るが、考古学でいう終末期古墳の時代もほぼこの天皇で終っている。短い治世であったが、評価できるのは重病になると母・阿閇《あべ》皇女が天皇の位をつぐことを望み実現したことである。元明天皇の誕生である。元明天皇は都を平城京に遷したり和同開珎を発行するなど功績は多く、ぼくは名君といってよい女帝だと思うが、そのことはここでは詳述しない。

文武天皇は慶雲四年（七〇七）の六月に亡くなった。遺詔によって葬儀を簡略にした。葬送の関係者のなかに造御竈司として紀朝臣《きのあそん》男人《おひと》が、造山陵司として土師宿禰馬手《うまて》らが、御装司として黄文連本実《きぶみのむらじほんじつ》らが任命されている。

造御竈司があるのは火葬のためであるし、御装司として黄文連本実が加わっているのは、墓室に壁画を描いたのであろうか。高句麗の渡来系の黄文連本実は画師としても名高く、高松塚古墳の壁画を描いた人物の候補の一人として名があがっている。

　文武天皇は死から五か月のちに、飛鳥岡で火葬にふされ、檜隈安古山陵に葬られた（『続日本紀』）。

　『延喜式』では、文武陵を「檜前安占《ママ》岡上陵　藤原宮御宇文武天皇　大和国高市郡にあり兆域東西三町　南北三町　陵戸五烟」としている。

　今日治定されている文武陵は、明日香村栗原にある。昭和三十一年に宮内庁書陵部が発行した『陵墓要覧』では、古墳時代の天皇陵の墳形は「前方後円」「円墳」「方墳」「上円下方」などと記されているのに、文武陵は「山形」としている。終末期の古墳かどうかは定かではない。

　先にあげた天武天皇と持統天皇の合葬陵（野口王墓古墳・大内陵）の約七百メートル南に中尾山古墳がある。文武天皇は即位後も持統太上天皇の孫として庇護された節があって、死後も持統陵の南に陵が選定されたのであろう。両古墳は七百メートルは離れている。しかしながら持統陵の兆域は南北四町、文武陵の兆域は南北三町あったのだから、両古墳の兆域の境はほぼ接していたとみてよい。

　享保十九年（一七三四）に刊行された『大和志』では中尾石塚（中尾山古墳の別名）を文武陵にしていたが、幕末の谷森善臣の『山陵考』では中尾山古墳説をとらず現文武陵だと考え、文久の修陵でもそれを踏襲し今日に至った。

先に述べた野淵龍潜の『大和国古墳墓取調書』では第五三〇番めに「高市郡坂合村大字平田字中尾山」に石槨の露呈した墳丘が描かれている。

昭和五十三年に史跡指定され、整備事業として墳丘の調査をすると八角形の最大径が約二〇メートル、高さ六メートルの八角墳であることが分り、三段に築かれ周囲に石敷きのあることなども判明した。

露呈していた石槨は、切石で構築された小石室で壁面には赤色顔料をぬった痕跡がある。蔵骨器を収めたとみられる小さな玄室のある横口式石槨であることも判明した。

この古墳の蔵骨器は立派なものと推定されるが、古くに明日香村出土と伝える金銅製の四環壺があって、中尾山古墳の蔵骨器かもしれない。

持統天皇は火葬になったが単独の墓は造らず、夫の横穴式石室へ遺灰を収めた蔵骨器で追葬された。それにたいして文武天皇は火葬にふされ、蔵骨器を収めるのに終末期に流行した横口式石槨を応用した墓室に葬られた。

文武陵は天皇が採用した八角墳の最後であるし、終末期特有の横口式石槨を蔵骨器収納用に模様替えもした。飛鳥時代最後の天皇陵にふさわしいし、考古学での終末期古墳の最後の天皇陵でもあった。ぼくの筆もここで一まず終る。

第九章
落穂拾の章

神武陵のこと

第八章まではぼくの頭に浮かぶまま、古墳時代前期から中期と後期をへて終末期古墳とほぼ年代を追いながら書いた。そのリズムからはみ出した天皇陵のことを拾遺としてここに追記する。

日本の伝承上あるいは記紀の叙述のうえでの天皇家の始祖王としての神武陵のことがある。神武天皇は記紀では南九州の日向から出発し、大阪湾岸の草香（日下）で在地の長髄彦《ながすねひこ》との激戦で敗れた。そのあと舟で紀伊半島を迂回して熊野から山越しヤマトに入り、苦難のすえ地元の豪族を屈服させ、畝傍山の麓の橿原宮を都としそこで亡くなった。『紀』では「畝傍山東北陵に葬る」とあるし『記』では「御陵は畝火山の北方白檮尾上《かしのおのうえ》にあり」としている。

伝承とはいえ畝傍山の周辺にあったことでは一致している。

神武陵は長らく考古学界では伝承（神話）上のこととして研究対象にはしなかった。だが『紀』では大海人皇子の時の壬申の乱にさいして「神日本磐余彦天皇の陵に馬と種種の兵器を奉って」いる（天武紀元年の条）。

神武天皇の実在は証明できていないとしても、天武元年（六七二）の段階では神武陵なるものが存在していて、それなりの重要性をもっていたことは事実としてよさそうである。もしある段階で伝承上の始祖王の陵を造ったとすると、それはいつごろのことか。これを追求することはヤマト政権の歴史にとって重要なことではないかと考えるようになった（「陵墓と考古学」『図書』一九八三年三月号）。

そのような考えが浮かんだころ、江上波夫先生を団長とする研究者らが北朝鮮へ招待されることになった。一九八六年四月のことである。ぼくは平壌郊外にある高句麗の伝承上の王である朱蒙《しゆもう》（鄒牟、東明王か）の墓と、付属している陵寺跡へ行くことを希望し、幸いそれが実現した。この寺跡には定陵寺説もある。

平壌市の市街地の東南約二〇キロ（安鶴宮からはほぼ南）に眞坡里古墳群がある。この古墳群は十数基の古墳で構成されている。その十号墳が伝東明王陵といわれていて、群の構成からみてもこの古墳一基だけが離れた位置にあって、他は十号墳の後方の山麓に群集して存在している。以下は十号墳を眞坡里古墳という。

眞坡里古墳は下段が三重の切石で築いた方墳、上段が封土墳である。このことは高句麗では積み石塚や石築墳が主流だったことの名残とみられる。今日では石室は閉じられているが

図35　高句麗の始祖王の東明王陵と伝える眞坡里古墳（1986年撮影。現在は東明王陵として公園になっている）

切石で築かれた横穴式石室が知られていて、墓室は蓮華文で装飾されていた。この群内の石室ではもっとも規模が大きい。五世紀後半の古墳とみられる。なお後方に群在する古墳は王族らの陪墳の性格があったとみてよかろう。

伝東明王陵の南方に接するようにして陵寺とよばれたとみられる寺跡がある。五世紀の瓦が出土していて伝東明王陵とほぼ同じか少し後の時期に建立されたとみられる。なお陵寺という寺名はこの遺跡出土の土器に刻まれていた。

伝東明王陵は平壌を都とし始めた長寿王（四九一年死）の陵とみる説もあるが、ぼくは伝説どおりの東明王の陵でよかろうと考える。高句麗が鴨

緑江の北岸にある集安から南方の平壌に遷都したのは四二七年である。集安の西方には、それより古いかあるいは併立した桓仁がある。平壌は中央部を東西に流れる大同江で二分されている。漢代の楽浪郡の土城は南岸、高句麗の都は北岸にあった。

東明王は伝説上の高句麗の始祖王であり、紀元前一世紀ごろの人物として描かれている。本来の墓とみられる始祖廟が桓安にあって王が行って祀る記事は『三国史記』の「高句麗本紀」に散見している。

集安の将軍塚古墳に伴ったとみられる五世紀初頭の好太王《こうたいおう》（広開土王）碑では、始祖の鄒《すう》牟《む》王の誕生から広開土王の誕生までの歴史を刻んでいる。このように五世紀の初頭ごろには始祖の存在が信じられただけでなく、高句麗人の精神的な紐帯となっていたのである。平壌遷都にさいして、始祖の王陵が新しく造営されたとして、それ以前にすでに桓仁に東明王陵があったとみてよかろう。

そのことは別にして、高句麗が新都の近郊に始祖王陵を造っていたことは日本にも知られていたとみる。渡来人がもっていた知識なのか、推古朝に高句麗から渡来し聖徳太子に三経義疏を教えるなどした恵慈《えじ》がもたらした知識なのか、これは神武陵なるものの年代が分ると見当がついてくるだろう。

『新撰姓氏録』によると、鄒牟王の子孫となのる者がいた。長背連や高井連である。長背連は平安京の右京に居たが「高麗国王鄒牟（王）一名朱蒙の後也、欽明天皇の御代に衆を率いて投化」と書かれている。高井氏の最大勢力は信濃国に居て郡名を高井郡にするほど同族が多く、積石塚からなる大室古墳群をのこした。

朝鮮考古学の大成にはげんでいる東潮氏は近著の『高句麗壁画と東アジア』のなかで、桓仁にある米倉溝将軍墓も眞坡里古墳の横穴式石室に近似しているだけではなく、眞坡里古墳の石室にあった蓮華文で飾っているという共通点に注目した。さらに眞坡里古墳が伝承どおりの東明王陵でよいなら米倉溝将軍墓も始祖王陵と考えた。その造営の時期を仏教の保護者である小獣林《しょうじゅうりん》王のときとも考えた。桓仁の性格についても、伝説上の建国の地として集安に都ができてからも宗教的な都市としての役割をもちつづけていたとみたのである。最近の朝鮮考古学の成果をも取りいれた明快な考えといってよかろう。

神武田に神武陵を造る

ぼくは晩年の松本清張さんから段ボール箱いっぱいの天皇陵古墳の本や古文書を頂いたことがある。長年の交友の想い出と天皇陵古墳の研究を進めるために贈られたのであろう。そのなかに題を「神武御陵考草稿」ときちんとした字で墨書された一冊がある。

嘉永二年七月に川路聖謨によって書かれた本である。川路はその時は奈良奉行を務めていた。川路は学識にも長け、家族や従者へのおもいやりもあり、幕臣としても有能だった。徳川幕府の滅亡期には責任をとって自らの命を絶っている。ぼくは江戸時代の代表的な武士だと思っている。

川路の現地踏査までは神武陵は橿原市大字四条にある塚山という円墳（現・綏靖陵）が有力視されていた。しかし川路は記紀の記す神武陵についての畝傍山からの方向や立地などの記事や現地踏査によって、神武田とかミサンザイの地名のある現・神武陵に到達した。文久の修陵では神武田の地に天皇家の始祖にふさわしい陵墓の造営に至った。この地には小円墳らしい高まりはあったが、後に述べる寺跡の土壇跡の可能性が高い。神武陵の工事には一万五千六十二両の費用がつぎこまれ、先祖祭祀の場としての壮大な神武陵ができて今日に至っている。

神武陵の決定までの経緯については多くの著作はあるが、古墳を対象にしたものではなく地名考証に偏ったものが多いのでここでは略す。昭和十一年刊行の『大和志』二巻三号に田村吉永氏が「神武天皇畝傍東北陵の沿革」の論考でそれらの文献を網羅している。関心のある人は田村論文を読んでほしい。

中国への出兵などで戦時色が濃くなりだした昭和十三年に、神武天皇を祀る橿原神宮の外苑の整備事業が国民運動となって推進された。同時に神武陵の外域の整備工事も進捗した。

図36　文久の修陵で造られた神武陵（1963年撮影）

神宮外苑の拡張工事にともない、縄文土器や石器が出土し始め、奈良県は末永雅雄氏を派遣して立会調査をおこなった。橿原遺跡の発見である。余談になるが橿原考古学研究所はこの時の現場の発掘事務所から発足したのである。さらに神武陵周辺でも弥生土器や埴輪が出土した。

神武田周辺で弥生土器や埴輪が出土することは文久の修陵でも知られていたが、どのような遺構から出土するのかなどについての記録はない。

奈良県教育委員会が刊行した『橿原』（昭和三十六年）には「神武御陵地区出土土器」と「橿原神宮内苑地区出土土器」の二篇が収められている。須恵器や土師器もあるけれども弥生後期の土器が多く、二、三世紀ごろに畝傍山山麓にかなりの規模の集落があった形跡がある。記紀が伝える橿原宮との関係はともかく、橿原の地に縄文時代晩期だけでなく、弥生後期にも拠点集落があったことは認めてよかろう。

現・神武陵から東方の低地にかけて瓦の出土地がひろがる。さらに大久保の集落内には塔（三重か）の心礎がのこされている。大久保廃寺とよび、飛鳥時代後期の瓦から寺の創建の時期が分る。この寺は天武期に登場する神武陵の陵寺または墓辺寺とみられ、平安時代になると国源寺ともよばれていた。

天武天皇の朱鳥《しゅちょう》元年（六八六）八月に、檜隈寺・軽寺・大窪寺に各々百戸の封戸をあたえている。軽寺は前に述べたように欽明天皇と妃の堅塩媛を推古女帝が強引に合葬した檜隈大陵（五条野丸山古墳）に付属した陵寺とみられ、五条野丸山古墳の前方部正面の空濠に接して建立された。大窪（久保）寺も神武陵に付属した陵寺であろう。檜隈寺は東漢氏の氏寺であることは一般に言われているが、ぼくはその近くに氏の始祖の阿知使主の墓があったとみている。あるいは寺の境内に阿知使主を祠る廟があったのだろうか。

このように檜隈寺も東漢氏の氏寺というだけでなく始祖を葬った（あるいは葬ったと信じる）墓か廟に付属する墓寺とみられる。以上の三つの寺への封戸の施入より遅れて巨勢寺《こせでら》にも封戸を施入した記録がある。この寺も巨勢氏の氏寺だけでなく、先祖（武内宿禰か巨勢雄柄宿禰）の墓に伴った陵寺の可能性がある。

天武紀にあらわれている神武陵は、おそらく現・神武陵の近辺にあったと推察できる。最近、畝傍山の東北の麓で四条古墳が見つかり多くの埴輪や木製の葬具が出土した。五世紀後半の古墳であろう。四条古墳は中型の方墳もしくは前方後方墳だが、藤原京造成時に封土は削平された。神武陵は藤原京の造営では削平されなかったと推測される。現・神武陵の工事では鳥形、草褶《くさずり》形、キヌガサなどの埴輪が出土しているから、それらは天武紀の神武陵に伴うものの可能性はある。埴輪からみて五世紀に神武陵が造られたのだろうか。この研究は今後に待たれることが多い。

高鷲丸山古墳と雄略陵

中期の終わり近くに雄略天皇が登場する。凶暴な性格の持主だが、中国の呉《くれ》(南朝)と外交関係をもつなど積極的な政治をおこなった。『宋書』では倭王武とよび、武から宋へだした上表文が原文のまま『宋書』に掲載されている。

雄略天皇は五世紀後半に亡くなったあと、丹比高鷲原陵に葬られた(『紀』)。『記』では「御陵は河内の多治比の高鸇《たかわし》にあり」としている。丹比は丹比郡のこと、高鷲は今日も使われている地名である。

高鷲には丸山古墳がある。直径七六メートルの大円墳で周濠もある。日本では十二番めに大きい円墳である。学界では古墳時代の天皇陵は前方後円墳がふさわしいという考え方があって、吉田東伍の『大日本地名辞典』では丸山古墳の西方にある河内大塚古墳を雄略陵にあてた。ぼくもそのように考えた時期もあるが、すでに述べたように河内大塚古墳の年代は雄略天皇の治世よりかなり新しい。

考古学界では、前方後円墳を研究する人は多いが円墳や方墳への関心は薄い。そこで一九九〇年に刊行した『図説日本の古代』の五巻『古墳から伽藍へ』では「雄略の時代と関東、九州」の項において大円墳を取りあげ、倭王武のころの南朝の支配者層の墓制にも鑑み、むしろ積極的に陵には大円墳を採用したのではないかと考えた。

関東には埼玉の丸墓山古墳をはじめ大円墳が点在しているし、ヤマトの南部の宇智、越前、吉備、筑後などでも大円墳が造営されていて、それらはほぼ五世紀後半（雄略朝）ごろの築造とみられた。つまり雄略の政権を支えた地域の豪族たちは、競うようにして大円墳を採用したと考えた。このように高鷲丸山古墳は大円墳であることがかえって雄略天皇陵にふさわしいと考えている。ぼく自身のなかでは思考は停止しているのではなく、心臓の動きのように刻々と考えつづけている。なお筑後の大円墳は久留米市にある三潴《みづま》古墳群にある権現塚古墳（径六〇メートル）と三重堀をもつ御塚《おんづか》古墳（径七〇メートル）である。この地は『紀』の雄略天皇の十年に呉から身狭村主青や檜隈民使博徳らが帰国した地で、土地の豪族の名は水沼（三潴）君もしくは嶺県主泥麻呂《ねまろ》だった。おそらく権現塚古墳や御塚古墳の被葬者の候補となるであろう。

水沼君は神代紀にもあらわれる九州の名族である。その記事では大陸とを結んでいた玄界灘航路（海北道中）にいます宗像の三女神にたいして「筑紫の水沼君らが祭る神」とする難解な記載がある。これは雄略朝のころ、有明海と中国の南朝とを結ぶ海上航路を水沼君が海上交通を守る神としての宗像三女神の信仰をとりいれていたことを示す記事ではなかろうか。有明海と中国とを結ぶ東シナ海横断航路は、平安時代後期に平氏も利用していた。

あとがき

この本は十年ほど前に草稿を書きあげたこともあって、思いのほか短期間で書くことができた。

先の草稿は本文でもふれたように、一部の専門研究者を意識しすぎた。自分で読み直しても堅苦しい出来になった。それもあって出版はせずにお蔵入りにした。

今回、改めて天皇陵古墳に挑んでみる意欲が湧き、思うままに書くことができた。先の草稿作りで細かいデータを調べることは終っていたので、天皇陵古墳の問題点に焦点をあてて執筆することができた。

本書でさり気なく述べた結論も、天皇陵古墳に関心をもちつづけた七十余年の思索の遍歴の成果である。そこへたどりつくまでに紆余曲折があったのは事実である。それは知的格闘ともいってよい。したがってこのような知的格闘の経験のない人が、各結論について簡単に反対とか賛成とはいってほしくない。自分でも知的格闘をしてはじめて賛否をいう資格ができる。

本書はぼくの一生涯の知的格闘の到達点になるだろう。年齢と体調を考えると、もう一度練り直す時間は多分ないだろう。

「新しい自分を見つけたい——研究する」は、陶芸作家の河井寛次郎氏の言葉に触発されてのぼくの願望だが、さあどうなることか。

希望を一つ書く。本書でのぼくの天皇陵古墳の比定が宮内庁の参考になるところがあれば、明治政府が「阿不幾乃山陵記」の発見をうけて、天武・持統合葬陵を五条野丸山古墳から野口王墓古墳に治定替えをしたようなすばやい決断を望みたい。

一九六五年にぼくは『古墳の発掘』でその頃考えていた天皇陵古墳への学問的信頼度を表にした（五一ページに掲載）。それから四六年たった現在の信頼度を表にして巻末に掲げておこう。

二〇一一年六月十一日（東日本大災害の三月めを肝に銘じるために）

森浩一試案（2011年）

天皇	現在の陵の所在地	墳形	備考
開化	奈良県奈良市	前方後円	△
崇神	奈良県天理市	前方後円	●
垂仁	奈良県奈良市	前方後円	△
景行	奈良県天理市	前方後円	●
成務	奈良県奈良市	前方後円	●
仲哀	大阪府藤井寺市	前方後円	*
応神	大阪府羽曳野市	前方後円	●
仁徳	大阪府堺市	前方後円	△
履中	大阪府堺市	前方後円	△
反正	大阪府堺市	前方後円	●
允恭	大阪府藤井寺市	前方後円	●
安康	奈良県奈良市	山形	？□
雄略	大阪府羽曳野市	円？	○
清寧	大阪府羽曳野市	前方後円	*
顕宗	奈良県香芝市	前方後円？	？
仁賢	大阪府藤井寺市	前方後円	*
武烈	奈良県香芝市	山形	？
継体	大阪府茨木市	前方後円	□
安閑	大阪府羽曳野市	前方後円	●
宣化	奈良県橿原市	前方後円	○
欽明	奈良県明日香村	前方後円	□
敏達	大阪府太子町	前方後円	□
用明	大阪府太子町	方	○
崇峻	奈良県桜井市	円	？□
推古	大阪府太子町	方	○
舒明	奈良県桜井市	八角	○
孝徳	大阪府太子町	円	●
斉明	奈良県高取町	円	□
天智	京都府京都市	上八角下方	○
大友皇子	滋賀県大津市	円	？
天武・持統	奈良県明日香村	八角	○
文武	奈良県明日香村	山形	？

△墳丘の型式が天皇の順位とはなれている。
？古墳として疑問、ほかに候補地を求めたほうがよい。
□付近により適当な古墳があり、検討すべきである。
*付近に可能性のある古墳があり、検討の余地がある。
●妥当なようであるが、考古学的な決め手を欠く。
○ほとんど疑問がない。

森浩一 もり・こういち

一九二八年―二〇一三年。同志社大学名誉教授。日本考古学・日本文化史学専攻。『日本の深層文化』『倭人伝を読みなおす』（以上、ちくま新書）、『古代史おさらい帖』（筑摩書房）、『萬葉集に歴史を読む』（ちくま学芸文庫）、『記紀の考古学』（朝日文庫）、『海から知る考古学入門』（角川書店）『京都の歴史を足元からさぐる』（学生社）など著書多数。

筑摩選書 0023

天皇陵古墳《てんのうりょうこふん》への招待《しょうたい》

二〇一一年八月一五日　初版第一刷発行
二〇一九年六月一〇日　初版第三刷発行

著者　森浩一《もりこういち》
発行者　喜入冬子
発行　株式会社筑摩書房
東京都台東区蔵前二-五-三　郵便番号　一一一-八七五五
電話番号　〇三-五六八七-二六〇一（代表）
装幀者　神田昇和
印刷 製本　中央精版印刷株式会社

ISBN978-4-480-01525-9 C0321

筑摩選書 0006

我的日本語 The World in Japanese

リービ英雄

日本語を一行でも書けば、誰もがその歴史を体現する。異言語との往還からみえる日本語の本質とは。日本語を母語とせずに日本語で創作を続ける著者の自伝的日本語論。

筑摩選書 0007

日本人の信仰心

前田英樹

日本人は無宗教だと言われる。だが、列島の文化・民俗には古来、純粋で普遍的な信仰の命が見てとれる。大和心の古層を掘りおこし、「日本」を根底からとらえなおす。

筑摩選書 0009

日本人の暦 今週の歳時記

長谷川 櫂

日本人は三つの暦時間を生きている。本書では、季節感豊かな日本文化固有の時間を歳時記をもとに再構成。四季の移ろいを慈しみ、古来のしきたりを見直す一冊。

筑摩選書 0013

甲骨文字小字典

落合淳思

漢字の源流「甲骨文字」のうち、現代日本語の基礎となっている教育漢字中の三百余字を収録。最新の研究でその成り立ちと意味の古層を探る。漢字文化を愛する人の必携書。

筑摩選書 0021

贈答の日本文化

伊藤幹治

モース『贈与論』などの民族誌的研究の成果を踏まえ、贈与・交換・互酬性のキーワードと概念を手がかりに、日本文化における贈答の世界のメカニズムを読み解く。

筑摩選書 0022

日本語の深層 〈話者のイマ・ココ〉を生きることば

熊倉千之

日本語の助動詞「た」は客観的過去を示さない。文中に遍在する「あり」の分析を通して日本語の発話の「イマ・ココ」性を究明し、西洋語との違いを明らかにする。